# 鲁迅回忆

荆有麟 著

中国文史出版社

**图书在版编目（CIP）数据**

鲁迅回忆 / 荆有麟著 . —北京：中国文史出版社，
2019.12

（素笔忆鲁迅）

ISBN 978-7-5205-1763-8

Ⅰ.①鲁… Ⅱ.①荆… Ⅲ.①鲁迅（1881-1936）—
生平事迹 Ⅳ.① K825.6

中国版本图书馆 CIP 数据核字（2019）第 269215 号

责任编辑：李军政
装帧设计：蒲　钧

出版发行：**中国文史出版社**

社　　址：北京市海淀区西八里庄 69 号院　邮编：100142

电　　话：010-81136606　81136602　81136603（发行部）

传　　真：010-81136655

印　　装：北京地大彩印有限公司

经　　销：全国新华书店

开　　本：787×1092　　1/16

印　　张：7.5

字　　数：71 千字

版　　次：2020 年 2 月北京第 1 版

印　　次：2020 年 2 月第 1 次印刷

定　　价：36.00 元

# 出版说明

　　为纪念鲁迅诞辰 140 周年，我们策划了"素笔忆鲁迅"丛书。按照"曾在某一时期与鲁迅有过交往"的原则，选录周作人《鲁迅的青年时代》，许寿裳《亡友鲁迅印象记》《我所认识的鲁迅》，许广平《鲁迅回忆录》，郁达夫《回忆鲁迅》、萧红《回忆鲁迅先生》(此二篇合为一种《回忆鲁迅》)，孙伏园《鲁迅先生二三事》，冯文炳《跟青年谈鲁迅》，荆有麟《鲁迅回忆》，共八种。这些文字经过时间的淘洗存留下来，大多已成为研究鲁迅的必读篇目。

　　为了尽量保持作品原貌，我们全部使用了较早出版的版本进行适当加工。一是对一些异体字、标点符号等早期白话文的痕迹进行修正，以方便今天读者的阅读。二是由于几位作者个人情况迥异，以及原书初版年代上至20世纪30年代、下至50年代，不可避免地带有各个时代的烙印，有些文字、观点在今天看来或已不合时宜，而又与鲁迅生平没有直接联系，我们酌情做了处理。最后，我们适当插入了一些与鲁迅相关的老照片，希望对读者了解鲁迅的人生经历有所帮助。

编选工作如有不当之处，敬请读者谅解。

编　者

# 题 记

　　民国十三年，在北京世界语专门学校，听先生讲《苦闷的象征》的时候。有一天，我为劳动文艺研究会所出版的《火球周刊》写了一篇文章。自己不大有胆子敢于拿出去，便怀着虚心，初次拜访先生的寓所了。记得先生在听了我的来意后，不特接受了代为修改文章的请求，还鼓励着："要多看书，多写作，慢慢就会进步的。"

　　由此开头，我无论写作或翻译，每篇都送给先生去过目。有时一个形容词不知道应该怎样表出，或者某一个字不知道该怎样写法，我便将它空起来，先生在看时，总是代为填进去。从此，凡我在北京时代，为各杂志报章所写的一切东西——我想只能称为东西罢——完全都经过先生的过目与修正。事实上，浪费先生的精力又还不只此。等《民众文艺周刊》由我负责编辑时，是连外面投来的稿件，一律都送给先生去校阅。

这样，由十三年到十五年，在这整整两年的时光中，我常常——几乎是每天，出入于先生之门。不特听多了先生的谈论与意见，也熟知了先生的日常生活同家庭情形，直到先生离开北京为止。

先生离开北京后，我也为了生活而到处奔跑起来。此后，不特再未写东西送先生去修改，数年中，连与先生谋面的机会都很少，直到十八年，我在南京失了业，才有机会跑到上海去看先生。那次在上海，就住在先生景云里的寓所里，白天同先生及景宋女士逛马路，坐咖啡店，晚上便在先生家中谈闲天，吃糖果，虽然只是短短的几天功夫，但其间，还有机会陪先生到江湾立达学园，去听先生关于文学方面的讲演。

此后，我很少去上海，记得在报上看见先生噩耗时，我正因职务关系而跑向西安。直到先生去世后两三个月，我才到上海，由景宋女士引导，拜谒了先生的陵墓。然而，先生已不再向我指示什么了。

先生的早死，可以说是中华民族的大损失，因此，在先生瞑目之后，便爆发了全国性的大哀悼。

这些哀悼或议论先生的文章，很多是最公正的评价，但也有恶意的调侃。我在涉猎过一些冰棒式怪论之后，我不愿——不，是不忍写一个字有关先生的文章。因为我当时脑中浮出了先生的：

> 文人的遭殃，不在生前的被攻击和被冷落，一暝之后，言行两亡，于是无聊之徒，谬托知己，是非蜂起，既以自炫，又以卖钱，连死尸也成了他们的沽名获利之具，这倒是值得悲哀的（全集六卷七三页《忆韦素园君》）。

二十九年冬天，某一个晚上，我在重庆附近乡间，遇见了久别的孙伏园兄。记得在谈到先生时，伏园说：

"好像还欠一批债没有还清似的。总觉得关于先生什么，应该写一点出来。"一想，不错，社会上尽有能使用先生在地下裂齿的关于先生本身事故的文章，但研究先生者，究竟还有许多人。于是我决意将我所接触的先生，借了记忆力所及，拉杂写出一些来，以供真实研究先生者的参考。

这是三十年春天的事情。

初开始写时，我一点征证的资料都没有。不必说先生的译著，因了抗战后的逃难，手头不曾存有一页半本。即有名如先生的终身老友许寿裳先生所写极富研究价值的《悼亡友鲁迅》《鲁迅的生活》等。我都未曾看到过。故记事中之"鲁迅的个性""鲁迅先生教书时""鲁迅与世界语""鲁迅的对事与对人""鲁迅的生活和工作"等等，仅靠个人记忆而写出。殆后，郭沫若先生借给我《鲁迅全集》，使我又忆起许多事故。故又继续写了"《呐喊·自序》索引""鲁迅的婚姻同家庭""有趣的会谈"等等。

但不论是全靠记忆，或由先生的文章而引出的事故，其着重点，是在记述先生平素的言谈与行动，而不大为外人所知者。因为我上面已声明过：发表这些断片，不过是为供给某些朋友们的参考而已。

其间，承欧阳凡海兄的指示，使我改正了一些错误。司马文森兄的督促，使此书得早与读者见面。这里一并申明我至诚的谢意！

一九四二年，八月三十日于渝郊

# 目 录

# 母亲的影响

北平师范大学某生，因为受了刺激，曾冒充杨树达教授名义，跑到阜成门西三条二十一号鲁迅先生的寓所，大兴问罪之师。这是先生刚刚迁进新居时的事情。关于此事的经过，先生曾在第一期《语丝》上有杨树达之袭来记——以此，颇为迷信的先生的母亲，对于新居竟生了厌恶，而对于先生随便接待来客，也不很赞成了。曾记诗人柯仲平第一次访先生时，带着大批诗稿，先生因其系初访的生人，便接待于客厅（此间南屋，实系书屋，三面墙都摆满了书架。不过先生从不在此房工作，若有生客，即接谈于此，故暂名客厅）。略谈一会之后，仲平便拿出他的诗稿，向先生朗诵了，声音大而嘹亮，竟使周老太太——先生的母亲，大为吃惊，以为又是什么人来吵闹了。便喊我立刻过去看看，并且还叮咛着：

"要是胡闹的人，让他走好了，不要大先生同他再吵了。"

待我看到是在读诗，才回头告诉老太太，老太太说：

"可是个怪人吧？我听老妈子说：头发都吊在脸上，怕他同大先生打起来，大先生吃他的亏。"

这可见周老太太对于儿子的关心，虽然那样大的年岁了，她还是不放心。

事实是：老太太不特对于儿子爱护，就是对于儿子的思想及学问，我以为影响也是很大的。

自从先生回国任事以来，家产虽没有像老太太的希望：中兴起来，但先生也曾在教育部担任了荐任官吏。在当时俭朴的生活下，以先生之所入供给家庭，是颇有余裕的。因此，老太太也不必像以前一样劳作了。但老太太是认识字的人，又闲不住，便设法搜集中国的旧式小说看，越看越有瘾。俟后，竟成每日的功课了。老太太初到北京，是住在西直门八道湾。那时先生的二弟岂明尚与先生同住，故老太太的读书责任，便由他们弟兄两个负。鲁迅先生代老太太到处找书看，岂明也代老太太到处找书。待后，弟兄两个分居，而岂明又不愿见老兄，竟连老太太也不来看了。于是老太太的读书，便由鲁迅先生一个人负责了。而老太太看书，又只限于小说故事一类的东西，而且不看外国的翻译作品。这就很使鲁迅先生大为困难了。顶多一星期，便会听见老太太说：

"大，我没书看了。"

于是鲁迅先生便得忙着到处找，有时，虽然买到了，而老太太却说：

"大，这本书，我看过哉。"

于是，还得再去找。

因为老太太要看小说，先生家里的藏书，中国旧小说，就特别地多，而先生又是过于勤勉的人，凡为老太太买的书，他必先看一遍，因为据先生讲：

"老太太看书，多偏于才子佳人一类的故事，她又过于动感情，其结局太悲惨的，她看了还会难过几天，有些缺少才子佳人的书，她又不高兴看。"

这却是实情，记得在《呐喊》出版后章衣萍夫人吴曙天女士将《呐喊》送给老太太看，而且在老太太面前，指明《故乡》一篇特别好，老太太马上戴起眼镜，去读《故乡》，《故乡》一读完，原书交还吴女士。还说：

"没啥好看，我们乡间，也有这样事情，这怎么也可以算小说呢？"

说的在座的人都笑了。因为根本，老太太不知有《呐喊》出版，更不知《呐喊》里的《故乡》，就是她的儿子写的。

虽然周老太太在读书的意见上，对于儿子似乎没有影响，但实际，影响是大极了，鲁迅先生自己就讲过这样的话：

"因为老太太要看书，我不得不到处搜集小说，又因为

┃ 1903 年的鲁迅

老太太记性好，改头换面的东西，她一看，就讲出来：说与什么书是相同的，使我晓得许多书的来源同改装。"

先生的《中国小说史略》《小说旧闻钞》《唐宋传奇》，就都是在这一影响下而研究，而整理，而公诸社会的。

因为老太太对她的儿子爱护及影响，在鲁迅先生自己，对于母亲，亦是百依百从——虽然在思想上，母子是相离太远了。但先生对于家事，多半还是依了老太太主张，先生曾经这样讲过：

"她们的成见，比什么都深，你费了九牛二虎之力，顶多只能改变十分之一二，但没有多少时候，仍旧复原了。你若再想改革，那她们简直不得了。真没办法。"

如此感慨的先生，虽然对母亲有此不满之词，但这是对封建势力的反抗和憎恶，并不是违反了人性，对母亲有何不敬。先生的家庭中，年常四季，无论什么时候，都能从老太太房中，拿出各色各样的点心、水果或者其他零星食品。而且都是先生亲自在街坊买来的。这可见先生对母亲的敬爱一般了。

一九四一年，七月，重庆

# 鲁迅的个性

　　作为一个思想家，他要没有独立的卓越远见，那，他的思想，一定会堕入传统的因袭中。同样地，作为一个文艺家，如果没有超凡的意见同风格，那，他的作品，也会堕入世俗一道的，在这样的意义上，我想来说一说：鲁迅先生的个性。

　　鲁迅先生出身于世家，而在幼小时，家道即中落，那时节，他正十三四岁。以中国人年龄论，他刚刚懂得社会人情。恰巧这时期，他得时常出入于质当店，不特受着质当店朝奉的白眼，与他同年龄的一般小孩子，以及邻居街坊，都会给他一冰冷的奚落，鲁迅先生在这一点上，定受了很大的创伤。终使他不得不菲薄众议，违反母意，跑到千里外的南京，投考洋学堂——江南水师学堂，鲁迅先生独立的个性，这里已开始发煌了。

　　他的个性发扬，由此作了起点，此后，便是一直发挥着，总在寻找自己的道路。水师学堂不高兴蹚蹚，又转路矿学校。路矿学校毕业，又去到日本学医，学医仅能医肉体，使他又觉得：先有医灵魂的必要，终而研究文艺，在思想界动起干戈了。

由于先生的个性发扬，可以说他，对于任何人都不容易相处。如果那与他相处的人，是走的与他相反的道路的话。但因他的个性发扬，不是孤独的傲慢自大，而是对于封建势力的坚强反抗，所以什么人也都与他容易相处，只要是志同道合。下面，我将所知的先生对人对事各方面，举些例证，以作研究先生者的参考。

×××是先生的二弟，原同居于北平西直门八道湾寓所，自十二年两人翻脸后，至先生终期，再未与其弟讲过话，其间在北京大学教员休息室，虽常碰头，但一接触，即起争执，其对乃弟之厌恶心性，可见一般。可是×××，当时在思想上，是与先生起着共鸣，因此，北京报纸杂志几次大笔战，如科学与玄学之争，如青年必读书问题，如女师大风潮问题等等，凡有自命为正人君子之流，对于×××议论，有所攻击时，先生也曾用着各种笔名，代×××应战，这可看出：先生虽然厌恶×××之为人，但对×××当时之思想，还是支持的。这是一般普通人所难于及到的。因为平常的理性是：只要讨厌某一个人，任他作什么有益于人类或社会事业，也会激起讨厌的情感。不是说他如此作，定是别有居心，便是说他那样作，定有什么背景，而先生在这一点上，他是依照了他的看法而动作，把那人的过去，总先摆在一边。

其次是，先生当时担任北京世界语专门学校讲师，这学校里的学生，完全笼罩在政治活动中，记得当时学生中分三派：国民党，共产党与无政府党。因为有这些党派关系，在第二学年，便爆发了不可收拾的学潮，整整闹了半年，学校还是无法上课。于是有些人，便找代理校长谭熙鸿，预备另外成立一外国语专门学校，以结束其风潮。当时曾邀请与学校有关之董事、教授等，在中央公园开会商决。先生为教授之一，自亦参与其会，会议中，多数以为为解决风潮起见，还是另改学校名称，学生从新举行登记。此主张，以马夷初主张最力，后来李石曾提出：为防止再有风潮起见，学生中，凡系某党某党，一律不予接收，先生以此有失教育青年之旨，便激烈反对，始遭打销。事后，先生曾说：

"石曾先生革命精神是可佩服的，但他那种方法，我却反对。革命不能不估计牺牲，因革命是为拯救大多数。牺牲少数，自然可以。若牺牲多数，所解放者仅是少数，那我一向是不赞成的。"

这也可以看出，先生对于自己的主张，是怎样坚持了，虽然与先生主张不同的，是先生一向佩服的石曾先生。

因了先生有那样独立的坚强个性，所以先生作起事来，绝不为威武所屈。

曾忆十四年，女师大风潮发生后，先生不赞成该校校长杨荫榆女士的开除大批学生的办法，便在北京报章杂志上，为学生声援，而杨荫榆之所以能作女师大校长，因为她的朋友章士钊，是当时的教育总长，于是她便以鲁迅攻击她的文章，哭诉于章士钊之前，不幸的是：鲁迅先生当时还任教育部佥事，章士钊不顾是非公理，竟公报私仇，下令将先生免职，但先生到教育部任事，起自民元，而先生所任之佥事，又系荐任官，依照官规，荐任官之任免，须呈请大总统，且老职员，若在公事上无重大过错或触犯刑法，是不能随意免职的。但先生竟因作公事以外的文章，而被免职了。依常理，总长为内阁阁员，在黑暗的当时北京政府，本可任所欲为，免一个区区佥事，甚为平常。在旁人，若被免职，只有卷铺盖走路之一法，然而，先生实行反抗了。他向平政院提起诉状，控告章士钊违法，记得当时诉状上，曾指明章士钊手谕免职令，为某月某日，而免职令理由是说先生参加女师大校务维持会，有碍部令，但先生参加校务会，是在章士钊下手谕之次日，章士钊总不能预知先生的行动，而先予免职吧！其为挟私无疑矣。控诉的结果，先生竟胜利了，府令仍令先生官复原职——虽然先生因总长仍系章士钊，再不高兴去到教育部办公，但先生不畏强权之精神，已完全表现出。

但还不止此也哩，先生个性发扬之结果，不特不畏强权之压迫，且不逢迎任何权贵，曾经有过以下的故事：

十八年春天，先生任广州中山大学文学系主任兼教务主任时，应黄埔军校之约，前往讲演那有名的《文学无用论》。

讲毕，有某政治家约先生前往其官邸吃饭，先生再三辞不掉，只得前往应酬，酒席自然是很丰美的，但在吃饭时，先生发觉主人，虽对自己再三恭维，但实际，是什么也不懂得的俗人，更不必谈文学了。自然，主人所谈的对于先生的讲演，怎样佩服，怎样同感，完全是假话了，先生于是很讨厌起来，刚巧上来一道菜，特别称道其好处，并说明：此菜系某先觉所喜食，而此菜之制作人，就系为某先觉作菜的原厨子等语，在旁人，得到这样的恭维，除了随同生人赞美菜好而外，恐无别话可说了。而先生当时连筷子都不动一动，竟说：

"我就是不喜欢吃这一样菜。"

其不喜逢迎人，可谓到极点了。

可是，这以外，还有更怪的故事呢。

大约是民国十八、九年罢，先生有个既是同乡，又是同学，而且平素还常同先生往来的某君，忽然作了大官了。有次到上海去看先生，先生竟由后门走出，避不见面，只让娘姨告诉客人，说主人不在家。而某君又系晓得先生脾气的人，便在先生前门附近徘徊起来，大约等候了有半小时以上，先生又由后门回来，在楼下堂屋讲话，某君听见了，便一下冲进去，先生要再躲，已是来不及了，而某君还说：

"哈哈！我晓得你在家呢。"

先生当时虽然有点窘，但也即刻答复：

"你不是已经作了官了么？"

1909 年的鲁迅 |

某君晓得先生的意思所在，便接着说：

"作官归作官，老朋友总还是老朋友呀！"

两人才一同上楼去谈天。

类于此的事，在先生是很多很多，我现在再举一件，作为这篇小文的结束吧。

民国十三年，中山先生北上后，给青年界以很大的刺激，但缺乏的是理论的指导，同真确的消息报导，于是国民党当局，决定在北京办一《国民新报》，已故中委邵元冲曾面请先生代写文章，此事被未名社几位朋友晓得，决定活动《国民新报》副刊，于是由某君出面，要求先生写介绍信，同时又找正在办《猛进》的北大教授徐旭生先生亦写介绍信。可是，某君的话是两样讲法，他对徐旭生先生说：是鲁迅先生要求徐旭生介绍韦素园去编副刊，而对鲁迅先生则说：是国民党方面要求先生介绍一位副刊编辑去。总之，两方面都写了介绍信去，事情算是成功了，便由素园出面去编辑，鲁迅先生还代他各方面拉稿，后来不知道怎样一弄，鲁迅先生知道了某君两样话语，竟非常之生气，说：

"你看，他竟到我这里玩手段来了。"

俟后，便再不与某君讲话了。直至他死时为止。

一九四一年，四月，重庆

# 鲁迅的对事与对人

　　鲁迅不大拿出批评家的派头，去批评某一篇著作或某一个人。但是，他的杂感、论文和小说，甚至于散文诗《野草》，却没有一篇不是充满了批评的态度。我们只要翻检一下，从五四后直到他死时为止，文坛上一切潮流与现象，都会发现在他的笔墨中。

　　他的批评，有时只是一鳞半爪，但就只这一鳞半爪罢，那深刻性，却要比了洋洋数万言还要有力的多。下面便是一个例子。

　　北京《晨报副刊》主编孙伏园，在脱离了《晨报》，而去主编《京报副刊》时，剩下的《晨报副刊》便由诗人徐志摩来接编了。徐志摩是伏园的朋友，所以他们俩，虽编着几乎可以说是敌对的报纸，但并没因此减却他们俩人见面的机会。相反地，因为志摩也编着副刊，为了拉稿的关系，倒容易常常与伏园碰头。因此，他们俩便相互交换着意见，交换着批评，甚至交换着旁人对他们所编的副刊的好恶消息。

有一次，志摩写了他那有名的杂感式论文:《政治生活与王家三阿嫂》。当时是志摩正向社会活动的时代，每月用茶点召集着贤人淑女的新月会议，在北大等校又讲授着英国历史上的诗人——拜仑与济兹，而他的表扬他的客厅的新诗——《石虎胡同七号》，也正起着引诱青年去拜访的作用。但他却忽然高兴，发表起有关政治的论文，多事的伏园，便将志摩的《政治生活与王家三阿嫂》拿去给鲁迅先生看，而且在鲁迅看完后，还问了鲁迅的意见。过几天，志摩又与伏园相见了。志摩便问起:他那篇文章，不知鲁迅先生的意见怎样? 伏园便直爽地答:

"鲁迅先生说那篇文章写的真好!"

然而，正以诗人在文坛上争辉的志摩，感觉到鲁迅的讽刺的批评了。他立刻说:

"他骂得我好苦呵!"

这是一件。另外一件，使我忆起了许钦文。

许钦文约在民国十一、二年时候，陆续在北京杂志报章上，发表他以学生为题材的短篇小说，记得在他的第二个集子出版后，他挟着初印成的样本，与某氏两个来访鲁迅先生了。某氏当时，讲了一个笑话，他说:

"钦文的第一集短篇小说，只有一个青年太太买了一本，而且看后，到处对人讲:说她佩服的不得了。甚至表示，想同钦文作朋友。"

鲁迅当即对钦文说：

"那以后再出新集子，我看你还是送她一本罢，不必再
要她买了。"

某氏却说：

"那可糟糕！钦文第一集小说，就卖掉一本呵！"

在场的人，都笑了，鲁迅先生也笑了，在笑声还未了
时，鲁迅又对许钦文说：

"那不要紧！你更应该送她。为保持你的利益起见，我
这里一本，可不必送了，反正我总得买。"

在钦文与某氏他们走后，我问先生对于钦文的小说意
见，先生严肃地说：

"在写学生生活这一点上，我不及他。"

因为先生不肯轻易赞许人，但也不肯轻易指责人。所以
对于从事文艺工作的青年，从来没有板起面孔，写长篇大论
的批评，某人如果有一点可以指责，先生就指责那一点，某
人如果有一点可以赞扬，先生就赞扬那一点。曾忆"莽原"
时代，先生所赞取的几个青年，如高长虹、李遇安、黄鹏
基、韦丛芜、向培良、韦素园等等，先生就分别地，曾讲出
他们某一点的可取来。而当时先生所嫌恶的几个青年作者：
如沈从文——当时名休芸芸——欧阳兰、张友鸾、黎锦明等
等，先生也曾指出他们的思想上、态度上、技术上种种的不
正与缺点。然而，先生并不是死抱成见的人。在高长虹出着
"长虹周刊"表示要独霸文坛的时代，先生也不容情地起来

打击他了。而沈从文一到与丁玲办《北斗》的境况，先生也从旁赞助他们了。倘使志摩现在犹生，如果他跑到前线，能将大别山或者中条山的血淋淋的战斗事实，用他的大笔，写成历史式的纪念碑——史诗，那鲁迅先生也许真要称他为诗人了。

但先生是疾恶如仇的。一个人不大公正的态度，倘不改变，先生是老记着他，因为先生不是神仙，是人。他有一切人们的感情与生活。他处在落后的中国社会，他接触着社会各种黑暗现象。他的思想、行动，当然不能不受现实的影响，下面几件例子，是可以看出的。

先生的第一集小说《呐喊》出版后，创造社的成仿吾，曾给了不大公正的批评——听说仿吾在延安一次讲演里，曾声明取消了他那批评，主张对鲁迅再认识，可惜鲁迅已死于地下，不知仿吾之声明了。虽然先生的不肖弟周岂明，在某一篇文章里，也回敬了成仿吾一下，指出成仿吾的客观与主观的两用法的错误。但先生并不能因此而释然于心，我们晓得：先生与创造社人往来，是非常之少的。除了郁达夫外，其余可说很少了。成仿吾那一次不很客气的批评，使先生耿耿于心者，达至十数年。无论谈话里，文章里，一提起创造社人，总有些严厉指摘或讽刺。虽然这指摘或讽刺，另有它的社会原因在，但仿吾那篇批评，却在先生的脑筋中一直记忆着。记得民国十八年春天，我到上海去看先生，当时有人通知先生说：创造社要在他们北四川路的书店楼上咖啡座开会，商议对付鲁迅，先生立刻兴奋了，在问明了开会时间之后，一到吃过中饭，先生便说：

"走，我们到创造社咖啡座捣乱去，坐在他们前面，看他们怎样对付罢。"

于是先生及他的爱人广平，还有乔峰和我，一同走进创造社的楼上咖啡座去，刚巧，咖啡座在屋中间摆起长台子，先生就邀我们坐到长台上，而且还说出任什么人来也不让的话来。

幸而，坐了整整一下午，来客虽是川流不断，但并没有说明，要长台子开会，教我们让出的话来。于是，在电灯已亮，要吃饭的时光，我们才在笑声里，走出了创造社咖啡座，在归途中先生还说：

"什么也不怕，怎样来，就怎样应付，他们就莫可奈何了。"

可是，计算时间，离成仿吾批评《呐喊》时，已有五七年之久了。

还有一件，是北京《京报副刊》向全国学者发出征求指示青年必读书。当时应征的，当然是很多的。有的劝青年人读经，有的劝青年人读几何学，真是洋洋大观，美不胜收。而鲁迅先生的应征，则竟说：

"我劝青年人多读外国书，少读中国书，甚至不读中国书，因为……"

他虽然在因为之下，还说了外国书多是入世的，而中国

| 鲁迅创作《狂人日记》的地方

书多是出世的理由，但有人反对了。开始发表意见的，是一个中国大学名叫熊以谦的学生。由熊开头，接着维持世道人心的国粹家都出来了。这场笔墨官司，打了好几个月。先生勤奋地应战，一直没有表示休息的样子，因为据先生当时说：

"你只要有一篇不答复他，他们就认为你失败了。我就篇篇都答复他们，总要把他们弄得狗血淋头，无法招架，躲回他们老巢去为止。"

在此事过后的四五年中，我在上海一个友人处，忽然碰到那笔战挑动者熊以谦，高高的个子，紫红色的脸，讲话总是慢吞吞，看样子，倒是非常老诚的青年，于是在碰到鲁迅时，便把我看见熊以谦的事，告诉了他，不料先生竟说：

"你说他老实么？那就是他骗取社会同情的手段。凡遗少，都有那一手，怎么样？现在还在上海么？喊他来，我把他脑子中的中国书虫，都要打干净。"

可惜，我当时没有带熊以谦去看先生。否则，不知道先生要怎样教训他一顿呢。

再有，类于此的事，就是先生对于他的朋友胡适之博士，总是抱着反感，无论写文章或谈天，对胡博士的态度总是不敬，两人虽然也常开玩笑，但先生的话，却是带刺的时候多。就如先生南下教书，由厦门而广州，而上海，其间已有五六年他们未曾再见面，但先生忽然跑回北平省亲去了。在北平，还又到处讲演起来。在一个场合中，他们两人相会了，胡博士说：

"你又卷土重来了。"

鲁迅先生答：

"我马上就卷土重去，绝不抢你的饭碗。"

弄得胡博士只能说："还是老脾气呵！"

而鲁迅则答：

"这叫至死不变！"

因为当时胡博士忽而反对国民党，忽而又预备作官。鲁迅便不客气地讽刺了。

一九四一年，八月，重庆

# 鲁迅避难在北平

自从五四运动后，中国青年已痛感政治环境不特可以决定自身的命运，连整个民族的命脉，都系在政治环境上。因此，遇了政府有措置失宜的举动，青年人再不像以前低头读死书了，总是揭起惊天动地的大运动。到民国十三年中山先生北上，更觉醒了青年对政治更进一步的认识，而在北平的学者，如李大钊、李石曾、徐谦等等，当时又都是热心此种运动者，以此，全城大游行咯，天安门群众大会咯，都随着政治的波动而常常举行。为了大沽口洋船事件而举行的示威与请愿，终于演成"三·一八"，不过是青年过问政治运动中的一件事而已。

但这一事件，却不同于其他事件。

一、这次群众跑到执政府门口，说明是请愿。

二、段执政不特不出来对青年作负责的答复，反而令卫队开枪。

三、当局残杀了青年之后，反诬蔑青年，说青年是准备暴动，请愿时带有煤油、手枪、木棍等武器。

这曾激起北平各大学教授及文化界人士的愤怒，于是杂志报章一致的反对政府的暴行。鲁迅先生便是反对这次暴行的最有力的一个，他不特写了那有名的悲愤文章——纪念刘和珍女士之死——发表到社会上；他还与李石曾、马叙伦等教授们，在中央公园有过一次集会，商讨怎样应付及怎样反对那种暴行。

这一来，执政当局的真面目，终于拿出来了。不特颁布明令严禁一切集会，还开了五十一个教授的名单，要军警一律缉捕。手无寸铁的教授们，不得不暂为躲避起来。鲁迅先生的避难，就是这样发生的。

五十一个教授的名单，还没有传到军警手里，大多数的教授们，已经晓得了。当时第一个通知鲁迅先生的，是北大哲学教授徐炳昶。再其次，是周岂明托人转达。鲁迅先生便动了离寓的念头。

先生避难的第一个去处，是北平西城，锦什坊街九十六号莽原社。当时莽原社仅有两间房子。我住一间，另外一间，作会客、办事、吃饭之用。先生在一个暖和的中午，突然来到了。于是我便将自己住的一间，让给先生住，我移到外间去。我每日仍照常上课，去报馆编社会新闻。先生便在家看书，写东西。到晚上，先生总要出去到东城转一趟，打听打听当天政治上的特殊要闻。住到第三天，突有三四个青

鲁迅 1918 摄于北京 |

年，来访莽原社了。据云：系对于《莽原》崇拜，特地来访问，看收不收外稿。当时我不在社，而来人又不认识鲁迅先生。先生便故意装的像个乡巴老，说他一切都不懂，非等我回来，无法答复他们的疑问。访问者悻悻而去了。先生疑心那些访问者，是侦探改装的假学生。深恐他们再来打麻烦。于是在第四天极早极早的早晨，先生装着病人、我携带着先生随身的零星用品，将先生送往石驸马大街的山本医院里。

先生不知为什么，在山本医院住了只有四五天，在我最后一次去看他时，他已经留条子而去了，并要我到德国医院去一趟。

我第一次到德国医院，先生真的病起来了。独自在一个很小病房里，床前茶几上摆着药瓶，据说是肠胃病，消化不良。每天就只吃医院给病人所规定的无盐无油的淡饭、麦粥、牛奶、莫名其妙的蛋糕，先生说：这种饭，即使没有病的人住下去，也会吃出病来，他实在不能下咽了。要我代他买些有盐的东西来。东西，当天就给他照买了，记得当时所买的四块火腿面包，先生一下子全吃完了。

第二次去医院访先生时，先生已脱离病房，与其他避难的教授们，同住在一间大房子。我去时，房里人乱轰轰，正在围听有人刚由外面带来的新消息，似乎是说：当局计划搜查被缉的教授们的家庭。这消息，当然是一个打击。先生当时也很为着急，于是听了当时在场的戴应观之劝，交给我五十元，要我把他老太太及太太暂接出寓所躲避。我在东长安街东安饭店里，代定了一个房间，然后将周老太太及太太接送到饭店里。同时，受了先生嘱托，又将先生存在家里的书籍，检查一遍。幸而先生不是研究政治经济的，所以各种主义书籍还不大多。略微抽出一部分，连同一些必要保留的信件，一并送到一个熟识的米店里暂存。然而，周老太太怕家里两个女佣人出毛病。结果，我晚上就代他们看家了。但搜查的事，并没有实行。所以本来住不惯旅店的周老太太及周太太，在听说没有什么事故发生时，几天就要回家去了。但先生本人，这时却又由德国医院转到法国医院了。为的是德国医生们不大赞成无病的人在医院多住。大家只得另找安隐地了。

法国医院是比德国医院自由得多。避难的教授们，在树下花前散步看书；李石曾与马叙伦等，在屋中围棋。鲁迅先生，则正趴在一个小桌上，写答复上海友人的来信。这时节，有人传出消息，说不特执政府对于教授们不愿追究了，连奉军当局，也表示不愿追究了。于是胆大的教授们，便开始向东交民巷以外的地区走动了。鲁迅先生因神情不安，难于工作，再加以经济上无法支持下去（先生因避难已借贷数百元），便决定仍回到西三条胡同的本寓去。在五月的一个早晨，太阳刚刚放出红光，先生已由东交民巷赶到西三条二十一号，"碰碰碰"在打自己的大门了。

一九四一年，九月

# 鲁迅教书时

　　一个江浙籍的人，如果能在北平待长久时间，对于北平话再肯留意，那他讲起话来，虽不及老牌北平人讲话清朗，干脆，但后音略带一点江浙味道，而吐字又很真切，听起来也是满好的。鲁迅先生讲话，就是这样的。这是一点。

　　还有一点，是一个人要有幽默感，如果一天到晚，板起面孔，无论对于什么人先拿出教训的态度，或者仁义道德的讲空话一堆，大抵听的人，也会头痛的。而鲁迅先生就刚刚取了相反的态度，不论讲什么，他是要将那奇异的特点，用常人所不大应用的语句，形容出来。听的人便会起一种兴味感。

　　再者，就是鲁迅先生是博学而又多能。他受过军事训练，学过采矿同医药，研究的是文学与艺术。他作过学校校长及教职员，当过长久的政府官吏。因有此种种经验与实生活，所以无论他讲什么，不管是引证或比喻，那材料要格外丰富而生动。

因有以上三种条件，鲁迅先生在学校教课，便获得空前的成功了。

先生教课，是从民国九年开始的。当时教育部职务甚清闲。北京大学马裕藻要周作人去讲中国文学史，周作人又转推先生。先生慨然应允了。但先生因有教育部职务在身，不能作教授，便担任了北京大学及北京师范大学（当时名高等师范）的讲师。在这两个学校里，一直教到十五年离开北京时为止。其间十二、三年又担任了女子师范大学及世界语专门学校的讲师。到十四年，更担任了中国大学的讲师。俟后，燕京等大学，虽曾托人请先生任教，但先生以时间及交通的关系，终未应允。

十五年因环境关系，不能在北京安居了，应了林语堂之请，赴厦门大学任文科教授。因学校当局不肯拿出已答应过的设备及计划与夫人事上的不调，先生乃走广州，刚好朱家骅正在广州中山大学帮戴季陶校长忙，乃请先生担任中山大学之文科系主任，在先生应允之后，又以教务主任相托。与在厦门大学一样，先生因不满学校当局之措置，立刻辞职，后来到上海，先生便灰心于教育事业之不易作，便决计不教书。记得在上海时，光华大学、复旦大学、暨南大学、劳动大学等等，皆曾请先生教书，先生以时间及健康为理由，统通辞谢了。在先生本身，不教书，当然可免去时间浪费之苦。但有许多敬仰先生的青年，竟因此而失掉听取先生独到

| 鲁迅 1925 年摄于北京

的伟论的机会，亦不能不说是大部分青年的悲哀。

在厦门与广州，先生在校所教授的是什么东西，我不大明了，在北平各大学，先生所教的是他有特殊研究的《中国小说史略》，及先生所译的日本厨川白村的《苦闷的象征》，先生当时所用的讲义稿，根本不曾要各校印过。是给先生出版的印刷所，依照了所排的版本样，用中国出产的水廉纸，单面印起来（水廉纸正面有亮光，背面粗糙）。先生在上讲堂之前，交由学校教务处散发。可是先生的讲义数目，是依照学校选科人数散发的。而听讲者，无论在那一个学校，都有非选科的学生自动来听讲。甚至在北大，每次遇到先生讲课时，连校外人都有许多去听讲。讲义不够是小事，校外人将课堂常常坐满，而选先生课的学生，反无座位可坐，亦是常常有的事。而学校其他学院或其他学系的学生，有时来了找不到座位，找不下站位，坐在窗台上，又是常常有的事。先生对于青年的感召，可见一斑了。

记得先生上课时，一进门，声音立刻寂静了，青年们将眼睛死盯住先生，先是一阵微笑，接着先生便念出讲义上的页数，马上开始讲起来，滔滔如瀑布，每一个问题的起源、经过，及先生个人对此的特殊意见。先生又善用幽默的语调，讲不到二十分钟，总会听见一次轰笑，先生有时笑，有时并不笑，仍在继续往下讲。曾忆有一次，在北大讲《苦闷的象征》时，书中举了一个阿那托尔法郎斯所作的《泰倚思》的例，先生便将泰倚思的故事人物先叙述出来，然后再给以公正的批判，而后再回到讲义上举例的原因。时间虽然长（先生授课，两小时排在一起继续讲两个钟头，中间不下堂）些，而听的人，却像入了魔一般。随着先生的语句，先生的思想，走向另一个景界中了。要不是先生为疏散听者的脑筋，突然讲出幽默话来，使大家轰然一笑，恐怕听的人，会忘记了自己是在课堂上的，而先生在中国历史人物中，特别佩服曹操，就都是在讲授时候，以幽默口吻送出的。

因为先生对青年有那样的吸引力，所以无论是十六年在上海时，到劳动大学、大夏大学、光华大学、暨南大学、复旦大学、立达学园等处；或十八年及二十一年两次到北平，在燕京大学、北京大学、师范大学、女子文理学院、中国大学、辅仁大学、北平大学等等；一听到先生来讲演，青年人像发狂似的，都拥挤到会场，后来的，就只能站在窗子外或大门口来听了。而在北平师范大学，竟因大礼堂容不下众多的听众，致将窗子都打破。催讲者，不能不请鲁迅先生到露天操场上去作狮子吼，因那次听众实在太多了。鲁迅先生晓得站在后面的青年，绝对听不见，他自己只能提高嗓音吼叫了。这是先生由北平回到上海时，以幽默口气讲出的。

固然，先生之所以能有如此感召力，他的几十册的著作与翻译，是一个动力。但先生讲话能更吸引青年，却是更重要的动力。

一九四一年，九月

# 鲁迅与世界语

在帝国主义寻找殖民地的当口，语言文字也是他们利用的武器之一。第一次欧洲大战前，德文在中国之盛行，不必讲了。现在日本在我沦陷区，拼命推广日文与日语，总是众人周知的事实。

因为帝国主义找殖民地的目的，不只是要推销货物，吸取资源，还想奴役人类，使其成为他的臣属，于是在除了"圣经"与"大炮"之外，文字语言也要网布开来。这样，在"大炮"与"圣经"所及不到的地方，文字语言就发生很大作用了。一世纪、两世纪，推广下去。被奴役的人们，眼界既属有限，思想就定型化了。除了甘心为主子作奴隶外，很少会想到别的。这是被压迫的民族，应该提倡柴门霍甫所创造的世界语 Esperanto 唯一的理由

中国世界语运动的开路先锋，是刘师甫。支持此运动最有力者，是蔡孑民，蔡先生掌北大时，曾特地拨出经费，聘

孙国璋为讲师，在北大设立世界语讲习班，为青年学者开了不少便利。而盲诗人爱罗先珂来中国讲学，亦是由蔡先生发动聘请的。

爱罗先珂是世界语学者，但他又是诗人音乐家，到北平后，就住在鲁迅先生的家庭里——当时鲁迅尚与×××同住在公用库八道湾的房子里——爱罗先珂无论在什么地方讲演，翻译者，不是鲁迅，便是×××（爱罗先珂讲演，多用日语）。但因×××讲话，不容易引起听众的兴趣，很有些地方，竟指名要求请鲁迅先生作翻译。

因了先生与爱罗先珂接触的机会特别多，而爱罗先生当时，又喜欢用世界语写小说。本来赞成提倡世界语的鲁迅先生（孙国璋在北大讲习班教世界语时，先生曾经前往听过一次课。据先生说：孙国璋不特不懂得教授法，更不懂得世界语，讲习班要他教下去，中国是没有人会弄好世界语的），这时节便开始了学习。可惜当时，中国世界语工具太不完全，不特没有书籍与读本，连讲义字典都没有。而爱罗先珂又因环境不宜，不能不离开中国去。所以鲁迅先生的世界语，终于不曾学好。

民国十二年，北平世界语专门学校成立。学校教务处的陈空三与冯省三，去面请先生来教课，一讲文学史或文艺理论，先生说：

"论时间，我现在难于应允了。但你们是传播世界语的，我应该帮忙，星期几教，我今天还不能确定。等一两天，我

1922 年鲁迅爱罗先珂等人在北京世界语会合影 |

把时间支配一下，再通知你们。"

次一天，先生的通知，即送到学校去了。记得当时是，每星期五，先生去教两点钟。而且一如在北大的教法，两个钟头连续不下堂，一直教下去。

世专校学生，当时将近两百人，而选修先生课的，起先只有四十多个人。因在先生教课的同时间，有一门数学，学习科学的人，这一门课又不能不去上。所以先生开始在世专校教课时，是在丙组一个小教室里，一星期，两星期，听课的人越来越多。最后，学校不得不请先生到兼作礼堂用的甲组大教室去，第一学期未选先生课的人，到第二学期，都改选先生的课程了。

可是，世专校当时的经费，非常之困难，请先生教课，原没有敢讲定每一点钟多少钱。待到月底，学校当局才决定：每月送车马费二十元。但先生却不收这一批钱。他对当时送钱去的陈空三说：

"学校经费困难，我是晓得的，所以这钱我不收，你还是带回去。我觉得：一个世界语学者，在目前环境下，应尽自己力量贡献到世界语。然后世界语才能传播出去。我自己虽然现在连一个单字都写不出来。但我是支持这个运动的，因为我赞成她。"

先生终于没有收那每月二十元的车马费。一直到学校停办时为止。

先生因为赞成世界语，所以他自己不特义务地教了几年书，他经常还鼓动学生，努力从事世界语作品的翻译。为世界语本身奠基础。记得当时受了先生鼓励，而动手译出短篇作品，发表于北平《京报副刊》《黄报副刊》等地方，就有李端甫、王秋士、李文辉、吕蕴儒等人，而陈声树等人，更号召了用世界语翻译中国哲学及文学向世界传播的大计划。惜世专校因经费困难及风潮关系，这个大计划没有实现出来，以致鲁迅先生的鼓励，算白费力气了。

一九四一年，九月

# 鲁迅的严谨与认真

民国十三年十二月，一个清朗的星期天，吴曙天女士，随着她的爱人章衣萍，来访鲁迅先生了。据说，她刚由杭州的母家来。在她盘旋的短时间内，她的将近六十岁的父亲，再三称道鲁迅了不起。其原因，是他的父亲看过了《呐喊》，所以才有那样称赞。当时，我很怀疑吴曙天的话，想着六十岁的老头了，会赞成新体小说《呐喊》，不是吴曙天想在鲁迅面前卖关子，便是她的父亲，也许是老留学生，所以才能对于新型《呐喊》有理解，可是后来听章衣萍说，吴曙天父亲，不特不是留学生，而且是在清朝得过功名的遗老。但赞成《呐喊》，又是的确的。因为吴老先生，还由家写信给他在北平的女儿，要鲁迅其它著作看。这事情真有点奇怪了。

到民国十四年暑假，我到河北大名府的金滩镇，在那里，看到一家粮食店，长期订阅着北平的《京报》。有一天，那粮食店老板，同我谈起北平各种情况时，忽然问我：鲁先

生现在作什么？我问他何以注意到鲁迅先生？他说：《京报》
各种附刊及副刊上，鲁先生的文章，他是篇篇都看的。觉得
鲁迅先生讲话，最懂人情，最有道理。可是，从我所记得：
鲁迅先生在《京报副刊》及各种附刊（当时《京报》除每日
有由孙伏园主编之副刊外，还有七种周刊，每周各出一次，
如《莽原》《文学》《民众》《文艺》《妇女》《科学》《图画》
《戏剧》等）所写的东西，除一小部分散文诗外，大半是杂
感式的短评。不料这些短评，竟为一个粮食店老板看中了。
那位老板以他的白须与白胡看来，其年岁总在七十左右了。

　　还有一件，是张十方先生告诉我的。据说，他有一个世
伯莫某，民元前是作革命工作的。以后不愿做官，便在香港
作寓公，并兼营生意，其生活是相当阔绰的。但奇怪的，是
他顶佩服鲁迅。因为鲁迅的各种创作，他都收集起来看，年
岁自然是五六十以上的了。因为在三十年以前，他就作着革
命工作了。

　　由以上三件例子使我想到：对于鲁迅先生的敬仰，并不
只是一些研究文艺的青年，也不只一般中、大学的学生。鲁
迅先生以他的极敏感的思想，最深刻的观察才有那增一字嫌
多，减一字嫌少，磨练得恰到好处的笔法，向虚伪进攻，向
卑污打击。而更对后一代人，指示出路与方法。所以稍微用
点思考的，或对社会有若干认识的，便对鲁迅先生的文章，
起了共鸣了。其实，不只是共鸣，有些人还认为鲁迅先生的
思想与方法，是中华民国复兴唯一的路线呢。曾忆已故山东

蔡寿潜先生，在民国二十年前后，就将鲁迅的警句，一条一则的抄录起来，贴满了他的房壁，以为座右铭呢。

但这些，都是先生在苦难中，用尽了一切精力，才会有那样出人头地的功绩，绝不是一般空头文学家所想的那样简单，一首打油诗，两段杂感，半篇小说，几句批评，马上就可以霸坐文坛，吓倒一切。试举鲁迅先生之认真，就可看出一般了。

民国十三年冬，郑振铎主编的商务印书馆印行的《小说月报》，某期上，误将苏联人民教育委员长芦那卡尔斯基像，排成另外一个文学家名字了。当时，我将所买的一本《小说月报》，拿到鲁迅先生家里去，请他再查对一下看，究竟是不是错，鲁迅先生一看，说：

"他们真胡闹，连照像也可以随便安排。"

先生马上跑到书房里（先生住北屋，书放南屋），不特检出芦那卡尔斯基像，连错的那个人（名字我现在记不起了）的像，也查出来了。我当时说了一句：那么，代他更正吧，先生紧接着说：

"由你发现，就由你更正吧，证据我这里有的是。"

结果：我就在伏园主编的《京报》上，指出那个错误来。

因为先生曾说，《小说月报》自命为文学领导者，也时常板起面孔，教训青年，不应该有那样错误，教青年人跟着他去错。所以虽是一个像片的小错，先生也是主张纠正的。

　　再有就是中国印毛边书，是先生所主张，并且开创的。因为先生看到，中国新装订的书，因看书人手不清洁，而看书又非常之迟缓，一本还没有看完，其中间手揭的地方，总是闹得乌黑。因为那地方，沾汗太多了，等到看完了要收藏起来了，一遇天潮，书便生霉，再长久，就生虫。所以先生主张将书装订成毛边，待看完以后，将沾油汗的毛边截去，书便很整齐摆在桌子上了，既新鲜，又不生霉。但看毛边书，却非常之麻烦，第一先用刀子割，不割是不能看。第二看完又得切边。不切边放不整齐，因此，一般买书的人，多不高兴要毛边，以此，先生第一次在北新书局印毛边书，就再三告诉北新老板李小峰，一律装成毛边，一本都不许切边。但等印成，李小峰将一二十本送给先生，预备供给先生赠人时，书却都是切好的了。先生当时火起来了，问李小峰，究竟怎么一回事？李小峰是这样答复的："一开始装订，我就将毛边的摆出去卖，但没有人买，要教我切了边才肯要，我看没办法，所以索兴都切了边。"

　　鲁迅先生马上说：

　　"那我不要切边的，非毛边的不行，你能将就买客，当然也可以将就我。切边的我决定不要，你带去好了。"

　　李小峰只得将截边的光本带回去，再为先生送毛边的去，此后为先生送的，虽然都是毛边，但寄到外埠分店的，还是切边本，在北平，恐怕先生看见不答应，便将毛边本送上街坊上了，待以后，毛边本成了时髦品，那只能又作别论了。

另外，还可举出相类的例子。

鲁迅先生很赞赏已故画家陶元庆的画，所以，在元庆开展览会时，先生不特代他作序言，在陶元庆住在北平的当时，先生所出的几本集子，如《呐喊》《彷徨》《苦闷的象征》《出了象牙之塔》等，都是陶元庆代作封面的。陶元庆亡故后，先生在上海遇见孙福熙，要福熙为《野草》作了封面。用虽然用了，但先生不喜欢那样多的灰色。此后，大部分集子的封面，全出自先生手笔，有时，勾些古物，有时写几个简单字，也有用颜色配合一下，然后再题上字的。总之，先生没有再接触到可佩的画家，所以不找人画封面了。

由以上种种，我们可以看出先生的认真、坚持、严谨，换了话说就是先生有毅力，有韧性，丝毫不含忽也。

虽然，所举的都是些小事，先生却在这些小事上，建立起伟大的基础。

九月，最后一日

# 鲁迅论爱罗先珂

鲁迅先生翻译的《桃色的云》底作者，爱罗先珂，到现在恐怕很少有人记得吧?

爱罗先珂是诗人，是音乐家，同时又是世界语传播者。但他却是一个瞎子，而且在四岁时就瞎了。

他是和平主义者，人道主义者，又因为是盲人，所以他的幻想中的"乌托邦"，特别来得明显。

他奔波于欧亚两大洲，但到处都听见残酷的叫喊，到处都遇到冷的空气。所以他的诗篇，总带着感伤的调子，而盲，又限制了他的行动，所以他终于抱着悲哀的心情，默默地过去了——虽然他想借世界语的传播，以便助成他的"乌托邦"的实现。

他曾来过中国，而且有两次。同时，他不像萧伯纳似的，香港、上海，终于坐着飞机，在北方的天空里兜了一个圈子走掉了——那是观察家;也不像泰戈尔似的，要中国人再发扬精神文明——那是捧场家。他在北平居留了相当期间。他作诗，他讲演，他教授世界语，他更出席音乐演奏会，不只是歌唱，还拿出弦琴，弹那幽静而略带感伤的调子，他是要激发起中国人的觉醒，然后假如觉醒之后，应该怎样？爱罗先珂在他的诗篇或歌唱里，并未有明确的概念。但这一点，在现实意义上讲已经足够了，因为当时的中国还在双重的羁绊下，觉醒还是急切地需要啊！

我到世界语专门学校读书时，爱罗先珂已离北平而去了。虽然世专的创立，与爱罗先珂很有关系，但他却不及见那新兴的学校成立。因此，对于爱罗先珂，竟没有见面的机缘，所知道的，不过是从学校当局者口里，晓得他是世界语传播者，而且是很热心的一个。

俟后，晓得爱罗先珂两次到中国，都是住在鲁迅先生家里，这才有机会听到爱罗先珂的故事。

鲁迅先生说：

"爱罗先珂因为是诗人，所以他特别敏感，记得他第二次到中国来时，北京大学请他来教书。据爱罗先珂讲，中国人与日本人是有很大的不同，那不同处，是日本人对于事理的呆板与冷酷，而中国人却洋溢着很厚的人情味。其证据是：当他——爱罗先珂——在日本登岸时，遭受了日本官厅的拒绝。因此，日本警察对爱罗先珂不特搜索了他的身体与行囊，还给了他难堪的侮辱，他在中国虽也遭警察的检查，但警察却对他一点没有横暴的行为。而警察自己，还在一旁咕噜着，他是瞎子呀，我们也太那个了。因此，爱罗先珂断定：中国人只要觉醒起来，很容易得到助力，因为中国人能以同情给人。至日本，那只有到处碰钉子。因为日本人眼中，已没有别的人类存在了。这是爱罗先珂思想上的敏感。爱罗先珂又因为是盲人，他的身体上的感觉，也特别发达得厉害。天要雨了，天要晴了，他是常常预先知道，要是有人找过他一次，第二次如再去找他，不论换个什么地方，或换个什么时候，他一听脚步声音，就晓得是某人来了，不必等那人讲话或报名出来，甚至有时他听生人的脚步声，也能断定，来者是怎样性格的人。"

鲁迅先生对爱罗先珂的描模，很可能使人理想一会那个预言者。可是，鲁迅先生又说到他：

"爱罗先珂非常之害怕女人。有一次，女师大请他去讲演，在讲演完毕之后，学校还预备了些点心。有教职员，有学生，都围来问爱罗先珂这样那样的问题。有些人，则一味劝他吃茶点。爱罗先珂当时坐的笔直，脸面非常之严肃，点心固不吃，连茶亦不肯喝，后来离开学校，回到家里，我问他：'今天那里预备的点心，都是你平素非常之喜欢吃的，为什么今天一样都不动手呢？'他竟说：'那里不是有女人么！'你看，他在女人面前，连吃都不敢了。"

"在他自己太太面前也这样么？"我很奇怪地问。

"他还是独身啊！"鲁迅先生说过，好像想起了什么事似的，过了一会，又继续说："听说，他在日本时候，爱过一个寡妇，一天到晚向那女人送诗篇，但见了那女人，却什么话也不敢说。结果，当然失败了。从此，他就更怕女人，恐怕他还是童男子也说不定。”

这，使我恍然于他的感伤的调子的由来，鲁迅先生又说：

“他每回来中国，住过几个月之后，便喊：‘寂寞呀，寂寞呀，好似住在沙漠里似的，这回非回去不可了！’可是，他离开中国，不是到欧洲各国去流荡，便是又到日本住下了，终于没有回到俄国去。”

爱罗先珂虽有普通一般诗人的敏感，但他的心灵却是脆弱的。所以他受不起俄国的大风暴，没有正视革命的力量，只能到处流荡着，到民国十五年，我忘记了月日，总之有一天，鲁迅先生忽然告诉我：

“爱罗先珂回到俄国去了。”

“怎么，来信了么？”

“已经死掉了。”

“你怎么知道呢？”

鲁迅先生答：

“一个日本朋友来信，说他在日本待了一些时候，又是寂寞呀，寂寞呀天天喊，最后终于下了决心，回到俄国去了。后来，他死掉了。”

“他大约反对共产党吧？”

“我想是的！他主张用和平建立新世界，却不料俄国还

有反动势力在与共产党斗争，共产党当然要用武力消灭敌
人，他怎么会赞成呢？"

　　事实是，爱罗先珂也难于长久活下去，以他那样的敏感
和脆弱的心灵，只宜于坐在象牙塔里作预言的喇叭。一与现
实接触，他的象牙之塔就非崩溃不可，那怕现实就是预言的
兑现，他也难于承认了。除非他于敏感之外，还有一副正视
革命的力量。

　　　　　　　　　　　　一九四一年，十二月，歌乐山

# 有趣的会谈

　　民国十三年冬天，北平世界语专门学校，从哈尔滨请来一位俄国教授，名谢利谢夫，这人好像是白俄，思想糊涂得很。但他的世界语，却是透熟，无论讲话，写文，都很流利。

　　他到北平后不久，也慢慢探听中国的作家。当时别人灌输他脑子最深的，是鲁迅。因此，他时时想会见鲁迅。

　　这意思，他通知了学校教务处陈空三先生，陈空三就同我商议，要我带谢利谢夫去会见鲁迅。

　　有一天，我同鲁迅先生谈起，鲁迅先生说：

　　"好的，不过不一定请他到家里来，随便在什么地方谈谈都可以。"

　　这意思，是不愿意我带那俄国人登门拜访。我当时就说：

　　"那么，到东安市场去，我请你和谢利谢夫吃晚饭。"

"今天么？"鲁迅先生考虑他自己的时间。

"就今天罢，你从家里直接去，我到学校去约他。谁先到谁等着。"我便拿起大衣，帽子，预备先动身，恰巧，孙伏园、章衣萍来访鲁迅先生了。此时，鲁迅先生手里也拿起围巾。先进来的衣萍说：

"怎么？你们出去么？"

鲁迅先生笑了，又放下围巾，他说：

"有麟要请客，难得的机会，一块儿去东安市场罢。"

伏园"啊"了一声，又幽默起来：

"要作陪客，也未尝不可以。我们俩是预备找地方吃饭呢。"

说的大家都笑了，我便要他们三位一块儿走，我跑回学校去约谢利谢夫。

谢利谢夫意外了，他认定：要拜访一位名人，最好先期约定，然后再照了时间去赴约比较客气些。我晓得，他的白俄脾气又发了。便告诉他：这就是同鲁迅先生约好的时间，所以要马上就去，在他明白了马上非去不可之后，便手忙脚乱起来。要洗脸，要擦皮鞋，要换衣服，要给头上打油。然而，无论怎么弄，总是不满意。是我催的次数太多了，他才随我走下楼，早已雇好的街车，将我们一直送到目的地。

鲁迅、伏园、衣萍，早已坐好在约定的饭馆里，我进门后，将谢利谢夫一一介绍过。即刻说明：我的世界语还没学好，不能任翻译。但当场又没有人懂得俄语，这是大家都知道的，于是鲁迅先生吃惊了。

"是客气？还是真的？我们谁也不懂俄文。"眼睛一直瞪着我。

"我只能听得懂，我却讲不出。"

伏园笑起来了，问我谢利谢夫能不能讲英文，如果能讲英文，就要衣萍作翻译，章衣萍虽然摇着红脸的头，但我还是问谢利谢夫能不能讲英文。

幸而，谢利谢夫也不懂得英文。

他说：他能讲德国话，日文也能对付，我才高兴了，因为我晓得，鲁迅先生能讲日本话，德文也可以对付，于是将这意思向鲁迅先生与谢利谢夫说穿，要他们直接谈话。

鲁迅与谢利谢夫开始谈话了。谢利谢夫开口的是德语，他以为鲁迅能懂德国话。鲁迅讲出的，却是日语，他以为谢利谢夫能懂日本话，两人都选取了自己的熟悉语言而应用。无法顾到对方对另一种语言，听觉的能力，这会谈，是干干脆脆失败了，谢利谢夫撅着嘴，摸起他的长胡子。鲁迅先生皱起眉头，拼命在抽烟。本来说不好世界语的我，不能不用世界语再维持场面。

吃饭间，谢利谢夫再不问鲁迅先生对于俄国革命的意见，对于雷昂托尔斯太的意见，他一心一意地选取着他最可口的菜，只顾吃。鲁迅先生也再不讲日语了，他应了伏园指斥侍者将手指甲放进汤盘里的事，讲起卫生论来，他说：

"在中国饭馆吃东西，你无法讲求清洁的，除非不要吃。

我有一次，也是在东安市场吃饭，好像是与马先生罢，发现菜盘里一个苍蝇，便把茶房喊来，问他：'那是什么东西？怎么可以给人吃？'不料茶房将苍蝇用手指夹起，在他自己眼前一晃，一下放进嘴里去，还说：'不是苍蝇，不是苍蝇。'笑嘻嘻走出去了。你说，你嫌不卫生，他先吃苍蝇给你看，你说，菜里不应当有苍蝇，他说没有，反正苍蝇已经吃进他肚里，你再找不出证据……"

说得我们全笑了，谢利谢夫放下筷子，问我是怎么一回事，我略将大意告诉了他，也不知道是我辞不达意，还是他听误会了，竟将放下的筷子，再不拿起来。鲁迅先生晓得，我的传语出了毛病，要我再告诉他，菜里有苍蝇，同茶房吃苍蝇，都是过去的笑话，并不是现在的事情，请他安心吃下去。可是，无效。虽经我解释，谢利谢夫再不动筷子了。

饭后，我们就在原地方，吃茶，谈天。伏园又从隔屋里拉来当时正在北大读书的王捷三，谈话更加热闹了。忽然谢利谢夫悄悄告诉我他要出去，出去作什么？有一专名词，我听不懂。

我要他对鲁迅讲，他便用德语对鲁迅说，然而鲁迅听不懂，用日语反问他，谢利谢夫又答复不出日语来。

最后，他脸红了，长胡子一束一束抖动着，他索性弯着腰，撅起屁股，两只手在屁股上作了一个姿势，大家恍然了，立刻喊茶房，带他出去"大便"。

他一出去，房内立刻爆发出哄笑。鲁迅先生怨我了。

"你真捣乱，自己世界语弄不好，就乱作翻译，闹得大家受窘。"

我立刻反驳：

"我一进来，就声明我不能翻译呀！"

"那你弄一个语言不通的外国人来，什么意思呢？"鲁迅先生严肃起来。

"他要认识你，你也承允，所以就带他来了。我只负介绍责任。"

"介绍能不讲话么？你真捣乱得可以，该好好罚一下。"

伏园、衣萍也赞成鲁迅先生的提议。主张罚我一下，我说：

"好，下次再请你们吃饭，另外带一个朵落贝夫来。"因为我想起，世界语专门学校，又向哈尔滨请了一位教世界语的俄国人，不过当时还未到北平。

鲁迅先生笑了，大家都笑了。鲁迅先生还附加着说：

"还要再捣乱一次么？"

笑声中，谢利谢夫又进来了。大家再没谈下去的意思，于是一齐离开了东安市场。

事后，鲁迅先生告诉我，谢利谢夫是什么也不懂得的。思想恐怕还有点"可恶"。我于是才开始向陈空三等人，打听谢利谢夫的来源。据说：他是俄国革命后，逃出来的白俄，还是俄国的旧教授。当时介绍他来学校教书的人，信上还写着：

　　"为了世界语的传播，就介绍他来。他的世界语是相当流利的。不过不要让他担任其他功课，他的思想与行动，可不很高明。"

　　果然，不到半年工夫，他就厌烦了他的工作，辞别了学校，另作黄金梦去了。鲁迅先生观察的深刻，竟有如此之敏锐——虽然他与谢利谢夫只讲过那么几句不很能互相明了的话。

　　　　　　　　　　　　　一九四一年，十二月，顾家桥

# 鲁迅的生活和工作

　　常常有些论客，一开口，就是鲁迅如何伟大，如何了不起。接着是，将那驰名世界文坛的洋作家，拿来乱比一阵，不特使外国研究鲁迅者，不知所措，就是连中国的爱好文艺青年，也眼花缭乱起来。因为所有好的形容词，都加在鲁迅身上了，而鲁迅的思想，鲁迅的行动，以及一切的态度与生活，反而没有人闻问了。这不特是鲁迅的悲剧，也是中国文坛的悲剧。现在为补救这个缺陷，仅就个人记忆所及，将鲁迅的生活及其工作的情形，略谈一下。

　　鲁迅自五四运动后，在中国文坛的活动，才渐渐积极起来。他感觉到，中国政治的黑暗，人民大众的愚昧无知，封建传统之根深蒂固，他准备他在日本求学时早已憧憬着的诊医计划，于是他便在《新青年》上发表出好似匕首的锋利的短评，向四面八方飞出去。但这时节，他大部分时间，还是在研究中国的古籍。据鲁迅先生讲，他当时感觉到无名的痛恨与悲哀，眼前的环境，是那样的黑暗与凄惨，而中国的士大夫阶级，却还迷醉于死骨骸堆中，大提倡其中学为体的谬论。于是便决定，要从古籍堆中找出症结与矛盾，但这步工作，却是顶烦难的需钱又费时，所以他于研究古籍之余，开始写小说了，刚好那时节，北京《晨报》发行了以学术讨论及文艺研究为中心的副刊，编者是先生的学生孙伏园。笔名巴人，便以小说作者，在《晨报副刊》上与世人相见了。据先生讲，当时所谓稿费还少得可怜，作者与编者，也并不把那批钱计划在预算之内。

写文章虽然很少稿费，但在当时生活程度比现在低得吓人的北京，十个八个当十铜元，即能吃饱一顿饭，而两菜一汤的颇为丰美的包饭，才出两三元钱一月。鲁迅先生的生活，在那时，实在算是优裕的，因为他在教育部作着荐任职的佥事（现行官制并无佥事，其阶级与现时各部会科长同），每月有三百元的收入，其生活，自然是优裕了。所以他能购买现在北平西直门内八道湾的房屋。俟后，他又担任了北京大学，北京高等师范及女子高等师范学校的讲师，收入当然更多了。不过，这时的收入，却成名义了。因为虽然在学校方面，因教课而增加了收入，但教育因不为军阀政府所注意，渐渐扣发经费，闹得教育部职员薪俸，也开始打起折扣，而且不能按月发。所以到鲁迅与周作人翻了脸，而不能再在一块儿同住时，鲁迅一面在砖塔胡同租屋暂住，一面就进行买那阜成门内西三条胡同的房屋。可是，这时节，他的经济，并不比以前充足了，虽然每月收入，供给全家人生活，还是有余。但他一天到晚，只要有空，总喜欢跑到琉璃厂去搜罗古籍，或者跑到北京饭店买洋书，这样，手中有钱，就不会很多了。他西三条新房交价时，他还借了一千多元的债，这是先生常常谈起的。

从买了新居之后，先生的经济，再没有特别充裕过，教育部的薪俸，越欠越不像样了。有时，本年九、十月，才领去年四、五月份的薪，而且只发两三成。先生的生活负担，并未减轻，买书嗜好依然。又因为《呐喊》出了版，使先生在青年界，引起了大群访问者，烟哩，茶哩，点心哩，酒饭哩，也得时时招待。这时节，虽然稿费有了，版费也有了，但先生的稿费收入，却抵不过在文化方面的消耗。如《语丝》的创刊，先生就曾经拿出一部分钱，成舍我要筹办什么书店了，先生拿出一部分钱。在金钱方面，使先生牺牲最多的，是北新书局的创设。因先生及其友人，感觉到完全用北大新潮社名义，印行书籍与杂志，很有不便的地方。于是原是新潮社事务负责人李小峰及章川岛，便劝诱鲁迅先生等人，另行设立北新书局，先生在帮助北新的成立及发展，除经济之外，精神牺牲亦是很大的。

后来，北新书局渐渐发展起来，生意也特别兴隆。先生在初创时，拿出去的钱，不特未收回一文，而北新予先生的稿费方法，亦特别得使人吃惊。民国十三四年在北平时，李小峰偶尔从旁人口中，如章衣萍、许钦文等处，知道先生有所需钱时，就随便拿几十元或一二百元送去。待后，先生因应林语堂之约，由北京而厦门，在厦门大学以与学校当局意见相左，又应朱家骅之约，赴广州中山大学任教，终于因学生被捕事，先生营救无效，愤而辞职走上海。到上海后，先生因无固定收入，乃与北新老板李小峰打交涉，结果决定除先生在北平之家，由北平北新书局仍按月送五十元外，上海方面，由北新每月暂送二百元。但以先生在上海生活，二百元似不够用度，已故中央研究院院长蔡孑民先生，当时正掌大学院、闻先生在上海谢绝一切教书生活，专心致力于文艺事业，深恐先生入不敷出，乃以大学院名义，聘先生为特约编辑，月致生活费三百元，先生乃能安心在上海从事文艺工作。但北新书局对先生之版费，仍未增加。曾忆民国十八年在上海时，先生曾言，北新书局欠他版费，已有十八万余元，可惜此款，多为北新老板李小峰之兄，拿去嫖女人讨姨太太去了。否则，倒可以作一小小资本家，作一点有益事业云云。真可惜，直至瞑目时，北新此批欠款，仍未能付给先生。不然，先生能以余款易地疗养，或者还会对中国文坛上，多留些遗产罢！我想。

统观先生经济收入概况，以中国人生活情形来说，固然不能说，已贫困到无米下锅的地步，但却绝对不能算是富裕。因先生除北平一座房产，仅仅供自己居住并不收租金外，一家四五口人生活，全靠先生工作收入来维持。而工作收入大半又为书店老板故意所拖欠，闹得先生在最后十多年生活，绝无一文余款去储蓄，一遇有特殊事件发生，就得向友人借贷。先生又是过于刻苦的人，衣裳多半是留日时代民国初年所作的旧衣裳，缝而又补，补而又缝。记得先生在上海时，穿的一条灰绿色毕几西装裤，在北平时，已破烂。而十年后在上海的先生，还是缝补着再穿。那条裤子的来源，却是民元前，先生在日本作学生时制作。因此，裤角之窄狭，可与衣袖比美了。可是先生对于旁人要求借贷，却从来很少拒绝。一般青年，因政治关系，要求帮助路费，要求救济生活，先生总是尽了力之所能及，尽量接济，可惜这些人名同金钱数目，因先生向来不记那批帐，都无法提出了。但在上海办刊物的，创设小书店的，得到先生接济的，总还记得罢？而广东青年男女数人，一直住在先生家里，为先生所养育，这更是尽人周知的事情。

以此种种原因，先生的生活，总是在勉强维持中。曾忆有一个时期，未名社诸友，晓得先生清苦时，曾决定将开明书店所欠未名社版费八千余元，一律奉给先生，先生虽未从开明书店拿到那整批款子，但由这些地方，亦可看出先生的生活情形了。

以上是鲁迅生活的一面。

现在再谈鲁迅的工作罢。

先生的工作，可用四个字来包括，即勤苦忠诚。先生专心致力于文艺，前后共有二十年，在此二十年中，为了生活关系，要上机关办公，要到学校教课，有时又为政治环境所限，像民国十五年张作霖入关，还得躲避麻烦。殆可以说，先生能安心工作的时间，实在很少。但就是此很少的时间，先生也尽量利用了。除编辑刊物，代青年作者修改稿件、为同路人筹划出版物等零星事件无法计算外，先生的全集，就是有力的证据。而先生大部分工作的完成，又是在一天精力疲劳后的夜间。曾记民国十五年前在北平，大抵是上半天教课，下半天赴办公室。或者是上半天赴办公室，下半天授课。以后在厦大，在中山大，先生虽仅只在学校，但无论厦大与中山大，先生除教课之外，都另负有事务上职务，而先生又是一丝不苟的人，对于所负责任，向不马虎，只要是他承认所担任的职务，没有不想办好的。因此，在这一段落，先生白天还是很少有时间，专弄文艺工作。待十七年到上海后，先生才决心辞谢了一切大学校的聘书。可是，此时中国文坛之活跃，比以前热闹得多多——尤其是政治中心由北平移到南京，而上海又有租界的特殊环境。可以说，中国文坛的重心是在上海。在先生到上海不久，访问者便纷至沓来。大本长篇小说，繁重的多幕剧，甚至一篇散文，一首小诗，都由红脸的青年手里，或者绿衣使者布袋里，递到先生手里。先生对于街坊上出版之杂志刊物，有时很忽略，无论在北京，在上海，以及厦门与广州，很少到街坊书店收买杂志刊物。除了是杂志刊物社所赠阅，文坛上如有重要或特殊的论文与作品，多半是由先生熟识的几个朋友与学生，特地买来送先生。当然，有时也有与先生正在作论战，或本来反对先生的敌人，特地将攻击先生的文章寄给先生，希望使先生生气或者希望先生答辩。但遇了这种场合，据先生讲，他是很少上当的。本来要在旁处看见，他或者会答复，可是敌人希望他答复时，他却偏不答复了。为的是，不愿意中敌人的阴谋。曾忆二十年，上海某小报造谣说，鲁迅近来常常支持某党言论，是因鲁迅每月得到五百金卢布所致。编者再装好人，将上述一期的报寄给先生，并写信要求先生答辩。先生看后说："他们又来捣鬼了。我偏不理。"

但这，并不是说，先生对于文坛上事完全不关心。十三年欧阳兰在北平《文学周刊》上，大骂青年人作品之幼稚。教训青年们还是少发表作品为是。先生一看到，当天晚上，就写了答辩，说青年作家永不发表作品，从那里来的进步？不是永远要埋没要黑暗下去么？

因为先生对于文坛的动向极关心，所以对于自己所担任的工作，便格外谨慎了。据先生自己讲，《野草》中的《过客》一篇，在他脑筋中酝酿了将近十年。但因想不出合适的表现形式，所以总是迁延着，结果虽然写出了，但先生对于那样的表现手法，还没有感觉到十分满意，这可以看出，先生对于工作的忠实同认真。

还有一件，是先生预备翻译《小约翰》时，发现日文译本不忠实，而德文本的《小约翰》又有删节的地方。但先生除此两种文字外，又不能运用其他文字。有一天，在教育部谈起，先生的同事齐中颐说：他看过英文本的《小约翰》，而且很好。于是先生就同他商议，要他用英文本帮忙，当时齐中颐正被教育部派在北平中央公园整理档案。先生便与齐君约定，每日下午至中央公园，先生参阅日、德两文本，齐君解释英文本，两人逐字逐句校释。记得当时是炎热的七八月，先生穿着很旧的而且小得紧身的淡蓝竹布大褂，一手夹着书，一手拿着香烟，总向中央公园跑。有时去的太早了，或者精神疲倦了，还到公园柏林下面转转圈。自然有时遇到熟人，还在露天茶社里，坐上个把钟头。总之，先生对他自己所执行的工作，是一丝也不肯苟且的。比如，在先生译的日本厨川白村的《苦闷的象征》出版后，商务印书馆，也有了同样译本出版。先生便立刻买来，又与自己译的逐一对比，结果发现旁人所译的，对于文法的处理及语句的运用，有些地方很难表现原作者的意思，先生才安心于自己的译品。

先生不特对自己的工作如此重视，即对他人的工作，亦同样重视的——尤其对于青年人的译作，如有找他修正或介绍的，先生总是很认真的代阅校，很诚恳的代推荐。记得当时在中国大学求学的向培良，写了一篇戏剧送给先生看。先生看过认为很满意，便来告诉培良，立刻用挂号寄给当时在上海出版的《东方杂志》的编者，还写了正式的推荐信。指明培良戏剧的优点之所在，培良那篇东西，自然很快地发表了。与此相同的，还有一件，是已故胡也频（在北平时原名胡崇轩）跑到烟台去访友。在那里，他写了一篇同性爱的小说，寄到鲁迅先生处。先生看后，认为很满意。当天出门时，就把稿子带给李小峰，要他发表在当礼拜出版的《语丝》上。因为先生说，旁人用心血制作的东西，我要不用心血去保护，总觉得不安。

因为先生用心血保护青年作家及其作品，所以就有这样事情发生过：

《莽原》初附于《京报》发刊时，有名姜华者（四川人，当时好像在中国大学读书），投来一篇稿子，先生看过，认为姜华很有希望，便写信要他常常写。俟后姜华便常常来稿了，所以《莽原周刊》上，隔一两星期，总有姜华的作品。但后来，不知是中国大学什么人，对先生说，姜华是国家主义派，在学校很得同学们反感，《莽原》不应该常登他的文章。先生马上生气了，说：

"一个刊物，是选登作品，怎么能调查人家的行为呢？"

而且特别约姜华，要他多写文章来。

再，先生关于与人论战的文章，特别改而又改，往往此类杂感或论文式稿件，总是改的一塌糊涂（但还不至于使编者看不清），决不像所写的小说或散文的原稿清楚。在先生认为，此种文章发表出去，凡可能反响，他都一概计划在内，对方怎么来，他怎么应付，都想得周周到到。先生许多杂感中的话语，到今日能被一般人认为格言，到处编鲁迅语录者，就是先生在那些话语上边，用了过多的思考和心血所致。

以上是仅就个人记忆所及，拉杂写来，目的，不过是为供给研究先生者之参考。文字的整饰与否，不暇计及了。

# 鲁迅的婚姻同家庭

　　鲁迅先生笔下，无论是论文，是杂感，或者散文与小说，很少写到恋爱同温暖的家庭。在《野草》上虽有《我的失恋》，在《彷徨》上虽有《幸福的家庭》，但那"恋"与"家"，是充满了怎样失望与狼狈的气氛，便不难想象鲁迅先生的婚姻同家庭生活了。

　　鲁迅先生长在清朝末年，即光绪初叶。当时中国的旧式婚姻，还没有很大的动荡，就是父母之命，媒妁之言，同那略带买卖式的婆嫁，依然主宰着男女的终身命运。鲁迅先生的家产如不中落，那早婚的中国习俗，恐怕在鲁迅先生十几岁时，就与他配起夫人来了。但鲁迅先生家产因祖父介孚老先生下狱，而竟中落了，他的结婚，不能不拖延下去。十八岁时，他跑到南京，投考了当时所谓洋学堂——江南水师学校，二十二岁又远去维新后的日本。鲁迅先生虽然在日本没有闹过恋爱，但他对于中国的旧式婚姻，已起了反感。所以在一九〇六年，他二十六岁时，暑假由日本回国省亲，他的母亲，以女家催之不已为理由，逼住鲁迅与山阴朱姓女结婚了。在结婚时，鲁迅虽没有与他的母亲，怎样大闹以反抗那不合理的婚姻，但据鲁迅先生说，他那时，实不愿意伤了老人家的心，决定自己牺牲，暂受家庭的摆布。但鲁迅先生却也不是完全没有反抗表示，在结婚后四日，鲁迅先生就以不能在家耽误学业为理由，又离家东渡日本了。

婚后几天就离开，一去又是三年。即照胡适之博士的说法："中国人是先结婚后恋爱。"鲁迅先生此种婚姻，恐怕也无法恋爱起来罢？

回国后，先生仍是终年在外，一两年中，难得在家待几天。据先生太太朱女士在北平时，对内人讲："老太太嫌我没有儿子，大先生终年不同我讲话，怎么会生儿子呢？"先生的婚姻生活，可见一斑了。

一九一九年，先生三十九岁时，因在北平买了西直门公用库八道湾的房屋，始将家眷接京。但在北平所表现的，却完全是分居，夫妻各住一间房，因家庭人口多（当时先生之二弟三弟皆住在一块），先生算比较活跃些。殆后，周建人赴沪，先生又与周作人分居。那家庭，可就太怕人了。

家庭是三个主人，一个老太太，鲁迅夫妻二人。两个女佣人，一个王妈，一个胡妈。除老太太年纪更大外，其余都是三四十岁的人（曾记他家王妈年纪稍轻，但已在三十岁以外），因为没有青年同小孩，家庭便显出寂静来。老太太保守着旧式家规，每天只看书，鲁迅太太依照着旧式家规，除每早每晚向老太太请安外，还得下厨房，因为两个女佣人，王妈是专门服侍老太太的。胡妈除买菜，煮饭，打扫之外，关于烧菜的事儿，总是鲁迅太太自己动手。这里，我更想起，他们家里一个特殊规矩了。就是两个老妈子，除拿工钱，吃白饭之外，是不许吃菜的。每天由鲁迅太太发给老妈每人四百钱——即四个钢板，老妈自己另外买菜吃。这在普通家庭，是很少看见的。

鲁迅先生当时，除任教育部佥事外，还担任北京大学、高等师范等校讲师。倘若上课钟点是在上午，那么，下午总要到教育部转一转。如果上课时间是在下午，那么，上半天也许到教育部转一转，因此，他的家庭，更加寂静。而鲁迅常年四季，除例话外，又不大与太太谈天。据他家老妈讲："大先生与太太每天只有三句话，早晨太太喊先生起来，先生答应声'哼'，太太喊先生吃饭，先生又是'哼'，晚上先生睡觉迟，太太睡觉早，太太总要问：门关不关？这时节，先生才有一句简单话：'关'或者'不关'，要不，是太太向先生要家用钱。先生才会讲着较多的话。如'要多少？'或者再顺便问一下，什么东西添买不添买？但这种较长的话，一月之中，不过一两次。"当然，这是指鲁迅夫妻而言。另外，鲁迅与老太太谈天，比较话长些，但也多半是关于老太太看书问题。一谈到家庭事务，母子俩意见就相左。鲁迅便往往不开口了。因为据鲁迅先生自己讲：

"在改良家庭方面，我是失败者。常常费了九牛二虎之力，稍微改变一点，一遇有什么意外或者不如意的事，她们马上抱怨了。抱怨之后，觉得还是她们老法子好，一下又恢复原状了。"

因此，鲁迅先生不愿意伤老年母亲的心，对于家事，便不想过问了。本来就是旧式的先生的太太，又一直守着老规矩，事事秉承老太太的意旨。鲁迅对于家庭，格外悲苦了。

因为鲁迅先生对于家庭——其实是对整个旧社会——的悲苦。在先生思想上，增加了不少的凄惶成分，先生对于自己的太太，认定只是一种负担义务，毫无恋爱成分在里边。无论是在先生谈话里，文章里，都很难看到或听到，先生提到他太太的事情。我记得，在北平时代，先生谈话而讲到：wife，多年中，也仅仅一两次。而文章中，除了"连累贱内都改了国籍"对旁人辩的话外，再没有关于他太太的事情。下面一件事，就证明先生夫妻间的关系了。

民国十四年夏天，先生的太太忽然生病了。当时住的是与先生有交往的日本人山本开的医院。有一天上午，我与内人去看他太太的病。到了不一会，先生也来了。一进门，就问："检验过了没有？"他太太说"检验过了"，先生就往外走，嘴里还说着："我问问医生去。"过一刻，先生回来了。一进门就对我们说："走罢，到我家里吃中饭去，我们也就起身向他太太告辞。为留空，让他们夫妻两人谈几句。我与内人便先走出了病房。他太太果然在问了："医生怎么说？"

鲁迅先生却简切地答：

"没有什么，多养几天就好了。"

说完，就匆匆跟我们走出来。这地方，也可以看出两人间的关系了。因此，终鲁迅一生，他的太太是没有生产过。他的所谓家庭，也诚如他家老妈所说，每天是少有声音的——除过来客时候的例外。

因为鲁迅先生有这样环境的家庭，那精神上的痛苦是可想而知了。到了民国十四年，女子师范大学闹起风潮，先生因同情于学生方面，这时节，学生许广平、陆晶清、张静淑等，才时常来先生家中。

在寂寞的家中，先生当时很需要热闹，虽然这热闹很耽误他的工作，但先生诚恳地欢迎来客了。这当时，又因为《呐喊》风行，北平文学团体蜂起，先生又时时在报章杂志上发表杂感、散文、小说，访客也特别多。先生也时而说笑话，时而讲理论，请来客吃点心，留来客吃饭。豪爽的许广平，也与先生相讥骂，相打闹，这里种下了他们俩人恋爱的根，至于他们互相相恋中的表现，这已有《两地书》为证，不在这里多写了。只记得，十五年先生离北平时，许广平是与先生同车走的。后来在上海同先生谈起离北平的事故，先生曾说：

"……到南京才糟呢，晚上检查旅馆，我们带的箱子很多。宪兵说不要全查了，他只指定一个箱子，要我打开。不巧，那只箱子里面，偏偏有广平的党证在里面。我想，这糟

| 1927 年鲁迅与许广平、蒋径三合影

了，在他们开手翻检时，我就在想主意，想来想去，只有一个陈公侠在徐州作师长。他总算孙传芳的人，要是有问题，只能打电报向他求救了。幸而，广平的党证，装在空白信封里，没有被检出来……"

这可看出，当时他们两人间的情感与关系了。

到上海后，先生走厦门，许广平去广州。一直到先生再由厦门到广州，两人又一同到上海。这些经过，也都在《两地书》中表现着的。

到十六年冬，我去上海看先生时，当时他们两人已居住在东横浜路景云里二十三号。许女士住三楼，鲁迅先生住二楼。我到后，鲁迅先生将二楼他的床铺让给我。他自己住到三楼去。第二天上午，许广平拿一封信下楼来交给先生，还说：

"你看，她们多可恶，江绍源太太来信说，说她要改称呼了。再不姊妹相称，她要称我师母。"

鲁迅先生笑了，还说：

"那就让她称师母好了，有什么要紧呢？"

我当时也接着说：

"那我也改称呼了。"

鲁迅先生又笑了，而且笑的很响亮。许广平女士却红起脸说：

"你们全可恶！"一下子跑出去了。

这时候，先生的家，虽依然还没有小孩；但即使无客人，也有说有笑了，再不像在北平时那样的凄苦与冷静。而许女士帮先生抄校，整理各种稿件同书籍，不特作了先生的妻，也作了先生的助手。我记得，在我临走时，先生送我一本《小约翰》，上边就有许女士用红笔改校的正误。

这里，还要附带一句：民国十八年九月，他们就生了儿子海婴。

倘若家庭能影响一个人的思想同行动的话，那鲁迅先生在北平时，无论是写小说、散文、短评、论文，着重在对旧社会攻击者，那他当时的婚姻同家庭，不能说毫无关系吧？而以后在上海——尤其是临死前数年，对于青年之指示方向，对于社会之开辟新路，谁又能说，与那有前进思想，又能诚恳工作的许广平毫无关系呢？而先生本身，在绝望的家中同在有希望的家中的生活，那意义，也就不很相同吧？

# 鲁迅论国父

民国十三年，孙中山先生在北上时，北京有一个劳动文艺研究会，召开了一次负责人会议，由毛壮侯提议：在《劳动文艺周刊》上，出一个欢迎孙中山先生专号。这议案，在唇枪舌战之后终于打消了。其理由是：中山先生虽是革命者，然而与劳动文艺无关。

殆中山先生逝世后，各报章、杂志虽多有纪念文字发表，但《劳动文艺周刊》，还是没有纪念中山先生文字。有一天，我将这种情形告诉了鲁迅先生，并问他，究竟劳动文艺上应不应该欢迎或纪念中山先生？鲁迅先生是这样答复的：

"毛壮侯主张出专号，固大可不必。因为一出专号，对于政治没有兴趣的人，他一定不要看，反而减少宣传力，纪念或欢迎文章，是可以登载的。中山先生虽不是文艺家，更不是劳动文艺家，但中山先生创造民国的功勋，是值得纪念，也值得欢迎的。那么，对于中国劳动者介绍一下中山先生，不是应该的么？胡也频他们，也太重视文艺二字了。这定是上了'为艺术而艺术'的当。"

这，可以看出鲁迅先生对于中山先生的态度。

因为鲁迅先生记住了中山先生的功勋，所以对于中山先生及其所领导的中国国民党，便寄予最深厚的同情与希望。国民党民国十四年在北平创办机关报《国民新报》时，鲁迅先生不特应了主持人邵元冲之约，常有稿寄去，还介绍了韦素园前去编副刊。这是众人周知的事情。而十四年，鲁迅先生写信给许广平女士信中，还说过这样的话：

"孙中山奔波一世，而中国还是如此者，最大原因还在他没有党军（见全集《两地书》五十六至七页）。"

这不仅是同情，还代中山先生作参谋，如果中山先生在民元让总统于袁世凯后，即开始练党军——中山先生本早有此意，见于他的遗著中，他曾说过，他如果能练好十万党军，三年内，他绝对统一中国——则后来之"洪宪元年""张勋复辟"，以及十多年的军阀混战，恐怕都不会出现罢？这证明，鲁迅先生对中山先生的出主意，是绝对正确的。

不止此哩，鲁迅先生对中国国民党，亦一样的出过主张，其证据如下：

"本校学生中，民党不过三十人左右，其中不少是新加入者。昨夜开会，我觉得他们都没有历练，不深沉，连设法取得学生会以供我用的事情都不知道，真是奈何奈何（见全集《两地书》二五〇页）。"

鲁迅看见了另一面对新兴势力的暗中打击，又看见这些青年党员，拿不出对付的办法，竟急得在旁边直跺脚，这种情见乎辞的同情，恐怕不是一般指鲁迅为"反动文人"的人所能想到吧？

因为鲁迅先生对于中山先生及其国民党，寄有深厚的同情与希望，所以在中山先生逝世后，段祺瑞竟借故穿不上靴子，不去吊祭。"现代派"的教授们，说中山先生太相信俄国，以致减低信仰，等等奇形怪状的事件与议论，竟激怒了佩服中山先生的鲁迅。《战士和苍蝇》马上发表出来：

"Schopenhauer 说过这样的话：要估定人的伟大，则精神上的大和体格上的大，那法则完全相反。后者距离愈远即愈小，前者却见得愈大。

"正因为近则愈小，而且愈看见缺点和创伤，所以他就和我们一样，不是神道，不是妖怪，不是异兽。他仍然是人，不过如此。但也惟其如此，所以他是伟大的人。

"战士战死了的时候，苍蝇们所首先发见的是他的缺点和伤痕，嘬着，营营地叫着，以为得意，以为比死了的战士更英雄。但是战士已经战死了，不再来挥去他们。于是乎苍蝇们即更其营营地叫，自以为倒是不朽的声音，因为它们的完全，远在战士之上。"

"的确的，谁也没有发见过苍蝇的缺点和创伤。"

"然而，有缺点的战士终竟是战士，完美的苍蝇也终竟不过是苍蝇。"

"去罢，苍蝇们！虽然生着翅子，还能营营，总不会超过战士的。你们这些虫豸们！"

鲁迅先生这愤怒，是火一般的热情，他看不惯那些贪官污吏，军阀学匪，污蔑中山先生，所以他出来讲话了。看他《集外集拾遗》六六八页，他说什么罢：

"所谓战士者，是指中山先生和民国元年前后殉国而反受奴才们讥笑糟踏的先烈。"

这，就证明《战士和苍蝇》，是为什么而写的。

因此，在中山逝世一周年纪念的时候，北平《国民新报》上，就有鲁迅先生的文章，他说：

"凡是自承为民国的国民，谁有不记得创造民国的战士，而且是第一人的？"

接着，他又讲出中山先生的特性来：

"中山先生的一生历史具在，站出世间来就是革命，失败了还是革命；中华民国成立之后，也没有满足过，没有安逸过，仍然继续着进向近于完全的革命工作直到临终之际，他说道：革命尚未成功，同志仍须努力！"

鲁迅先生是不是同一般文人一样，来作应酬文章呢？不，鲁迅先生绝没有对任何人恭维像恭维中山先生一样，他是记得中山先生创造民国的功勋，他看见了中山先生虽在民国成立之后，还继续着革命，甚至中山先生临死时，还是革命，所以鲁迅感动了，他说：

"那时新闻上有一条琐载，不下于他一生革命事业地感动过我，据说当西医已经束手的时候，有人主张服中国药了；但中山先生不赞成，以为中国的药品固然也有效的，诊断的智识却缺如。不能诊断，如何用药？毋须服。人当濒危之际，大抵是什么也肯尝试的，而他对于自己的生命，也仍有这样分明的理智和坚定的意志。"

鲁迅先生所举，虽然是琐事，但惟其是琐事，所以格外显得中山先生的伟大，故终鲁迅先生一生，对于中山先生，无论在言谈上，文章中，都没有进过微辞。再看鲁迅先生对中山先生所下的结论罢：

"他是一个全体，永远的革命者。无论所做的那一件，全都是革命。无论后人如何吹求他，冷落他，他终于全都是革命（上三段《国民亲报》之文章，见全集《集外集拾遗》七一三页）。"

这就是鲁迅先生眼中的孙中山先生。

# 《呐喊·自序》索引

一九二二年十二月，鲁迅先生的第一集小说——《呐喊》，被他的令弟周作人编定后，鲁迅先生写了一篇《自序》。

这《自序》，将他创作的过程及动意，全盘讲出来了。所以在他第二集小说《彷徨》出版时，鲁迅先生再没有写序或题记一类的文字，仅引了屈原的《离骚》："朝发轫于苍梧兮，夕余至乎县圃；欲少留此灵琐兮，日忽忽其将暮。吾令羲和弭节兮，望崦嵫而勿迫；路漫漫其修远兮，吾将上下而求索。"以表示他写《彷徨》的心情。这，可以看出，《呐喊 自序》在先生的创作活动上，是怎样的重要了。

现在为研究者方便起见，将个人所得的资料，在此索引一番。

"我在年青时候也曾经做过许多梦"，《自序》一开头，先生就这样告白着。但这里之所谓"梦"，不是"在蒙胧中，

看见一个好的故事（全集一卷四六〇页）。"不是"梦见自己
在冰山间奔驰（全集一卷五〇三页）。"不是"梦见自己在隘
巷中行走（全集一卷五〇六页）。"不是"梦见自己躺在床上
（全集一卷五〇八页）。"不是"梦见自己正和墓碣对立（全
集一卷五一一页）。"更不是"梦见自己正在小学校的讲堂上
预备作文，向老师请教立论的方法（全集一卷五一七页）。"
然而，也不是"梦见自己在做梦（全集一卷五一三页）。"可
是，也不是"梦见自己死在道路上（全集一卷五一九页）。"
先生的"梦"，照先生自己说："后来大半忘却了。"但先生
仍在记忆中，显示给我们了。

"我的心分外地寂寞。……然而这是许多年前的事
了。这以前，我的心也曾充满过血腥的歌声：血和铁，火
焰和毒，恢复和报仇。而忽而这些都空虚了。（全集一卷
四八一页）"

这就是先生所忘却的"梦"，但实在，先生并未忘却，
先生是，"亲历或旁观过几样更寂寞，更悲哀的事""不愿追
怀"（全集一卷二七三页），所以才那样说。因"血和铁，火
焰和毒，恢复和报仇"，都穿起花丽的衣裳。另以喜面出现
了。先生只能在沉默中将梦消化。

"我有四年多，曾经常常——几乎是每天，出入于质铺
和药店里……给我久病的父亲去买药……然而我的父亲终于
日重一日的亡故了。"

一八九三年先生的为官的祖父介孚公因事入狱，家产中

落。先生之父伯宜公又生鼓胀病。斯时，先生年仅十三岁，按理该是不问家事的，但先生家中，再无对外之男人。于是为长子的先生，便负起了重担。天天为父亲张罗治病。写在《朝花夕拾》里，曾有下面似的文章：

"我曾经和这名医周旋过两整年，因为他隔日一回，来诊我的父亲的病。那时虽然已经很有名，但还不至于阔得这样不耐烦；可是诊金却已经是一元四角。现在的都市上，诊金一次十元并不算奇，可是那时的一元四角已是巨款，很不容易张罗的了；又何况是隔日一次（全集二卷三九二页）。"

这样，隔一日的诊金，与每天的药钱，使先生不能不常常出入于质铺，但伯宜公的病，虽经绍兴城那样的名医诊治有两年，而"水肿是逐日利害，将要不能起床（全集二卷三九三页）。"于是又由另一个名医陈莲河来诊治，诊金仍是一元四角一次，仍是隔日一诊，而用"药引"之奇特，虽不像第一位名医，要用什么河边的芦根，经霜三年的甘蔗，但蟋蟀要用原配的一对，要用能结红子如小珊瑚珠的"平地木十株"，另外还加什么丸什么散。但治来治去，伯宜公的病仍未见好，不过是要病人家里多花几文钱，要病人多受几天罪，伯宜公在一八九六年，阴历九月初六日，终于故世了，鲁迅先生那时已有十六岁。

"我要到 N 进 K 学堂去了，仿佛是想走异路，逃异地，去寻求别样的人们。……然而我也顾不得这些事，终于到 N 进了 K 学堂了。"

先生原进的是绍兴城的中西学堂。

"但我对于这中西学堂，却也不满足，因为那里面只教汉文，算学，英文和法文。功课较为别致的，还有杭州的求是书院，然而学费贵。无须学费的学校在南京，自然只好往南京去（全集二卷四〇二页）。"

先生既不满于中西学堂，又为经济所限制，于是冒当时社会的鄙视，毅然跑向南京去。因为在南京之江南水师学堂正在招考，而且完全是官费。在校学生，除由公家供给书籍、服装、伙食外，每年还有二两银子（最初三个月试习期内是零用五百文）。但这学校仅只披着新鲜的外衣，骨子里还是什么"颍考叔论"，而且新进的学生，又受高年级学生欺侮。先生乃于次年又改入仍在南京，而且系江南陆师学堂附设的路矿学堂了。

路矿学堂一直停到毕业。先生每次在校试验，都名列前茅，故毕业后，学校预备派人到日本留学时，先生便是五名中之一。

一到日本，先入东京弘文学院习日文，这是一九〇二年初春的事情。

先生幼时，因为父亲的病受了那样打击，觉得"中医不过是一种有意的或无意的骗子，同时又很起了对于被骗的病人和他的家族的同情；而且从译出的历史上，又知道了日本维新是大半发端于西方医学的事实"。

因此，先生在学习了日文之后，"后来便使我的学籍列在日本一个乡间的医学专门学校里了"。

这里所谓"乡间的医学专门学校",就是仙台医学专门学校,这是在离开东京弘文学院时进去的,时间是一九〇四年暑假。据《华盖集续编》里讲:

"记得自己留学时候,官费每月三十六元,支付衣食学费之外,简直没有赢余(全集三卷一八五页)。"

在清苦的生活中,先生仍是勤勉而用功。而且竟因功课成绩太好了,引起日本人的妒嫉。这,写在《朝花夕拾》的《藤野先生》里,已经明明白白了。但这学校,也终于未曾使先生完毕了学业,其原因,《自序》很了然,不再饶舌了。

先生弃医由仙台而返东京,这是先生走向文艺领域的开端。这里,我觉得,很应该感谢那日俄战争有关中国俘虏影片的放映。倘使先生不受那刺激,以医终其身,先生虽能为中国医学界尽不少力,但大不了能多救几十几百,甚至几千个不死不活的人。于中国,损失太大了。

到东京,先生便张罗出杂志,一提倡,还有若干应和者,待到真要实行工作了。"最先就隐去了若干担当文字的人,接着又逃走了资本。"而最后,还是原先发起的三个人:鲁迅、周作人、许季茀。然而这三人,又是"不名一钱的。"先生便遇到意外的寂寞。

但这寂寞并没有使先生消沉下去。先生在东京,仍给国内出版的《河南》杂志撰文,复从章太炎先生学小学,还翻译小说,直到一九〇九年六月,才回国。

回国后的先生，仍未能全心致力于文艺工作。为了谋生，先做教员，作学监，作校长，到民元革命后，南京政府成立。先生应蔡子民先生之邀，复任教育部部员，俟后教部迁北京，先生才随之移北京任事。即居北平宣武门外南半截胡同绍兴会馆——即《自序》中所谓"S会馆"者。

此时，先生多致力于古籍的钻研，纂辑谢承《后汉书》，校《嵇康集》，研究佛经，辑会稽郡故书，刻《百喻经》，搜集拓本，研究造象墓志，故他的老朋友金心异——即已故北大教授钱玄同先生，找他时，两人便有以下的谈话：

"你钞了这些有什么用？"有一夜，他翻着我那古碑的钞本，发了研究的质问了。

"没有什么用。"

"那么，你钞他是什么意思呢？"

"没有什么意思。"

"我想，你可以做点文章……"

鲁迅先生答应了，于是钱玄同、陈独秀等所主办的《新青年》杂志第四卷第五期，便出现了鲁迅先生的小说《狂人日记》。这是一九一八年四月间的事。先生那时是三十八岁由此开头，先生不特写小说，如《孔乙己》《药》《明天》等等，还写论文，写短评。现在一般人论到五四时代的《新青年》，几乎离不开先生，可见先生当时工作之勤了。先生为什么要如此辛勤地工作呢？

先生自己说：

"有时候仍不免呐喊几声，聊以慰藉那在寂寞里奔驰的猛士，使他不惮于前驱。"这是一九二二年——即民国十一年时的鲁迅先生。

一九四二年，二月，赖家桥

# "金心异"考

　　鲁迅先生在《呐喊》自序上，说他的小说，是受了他的朋友金心异的劝诱，此后便源源写下去。根据此话，我们可以说鲁迅先生从答应了金心异那一天起，发挥了后半生全部精力，奠定了中国新文学基础，使中国文坛光辉而发煌起来。金心异算是第一个有功的人了。

　　但，金心异是谁呢？他为什么有那样大的力量，能使已经决定在寂寞中腐蚀自己心血的鲁迅，忽而起来呐喊呢？

　　金心异即已故北大及高师等校教授钱玄同。他是音韵学专家，但他同胡适之博士一样，有历史癖，对于中国古籍涉猎甚多。因为涉猎多，又有意见，他发现古籍中伪造的东西太多了，于是引起他的反感。不特文字上，口头上，对古代社会的文物制度起了怀疑，甚至连姓都废除，改为"疑古玄同"。曾经风靡一时的《语丝》周刊，其名称与刊头，就是"疑古玄同"起而又写的。

可是，姓钱名玄同的人，为什么称为金心异呢？是他本人常用的笔名？抑是鲁迅先生随便代他造个名字呢？原来是这样的：

钱玄同当时，正在与陈独秀、胡适之一帮人办《新青年》杂志，不只提倡白话，还反对古文，这却恼怒了当时的古文家林纾——林琴南。这位林先生很奇怪，他不大高兴同《新青年》一般人作论辩。他在上海《新申报》上载起小说来。拿小说来影射一般提倡白话文的人，专门痛骂。当时他做的《天梦》《荆生》就都是骂人。《天梦》不必说，《荆生》一篇里面，就用元绪影射蔡元培，陈恒影射陈独秀，狄莫影射胡适。而钱玄同，被名为金心异在这里出现了。从此，金心异之名，就在《新青年》杂志一般人口上挂了许多时候。

鲁迅的第一篇小说《狂人日记》开始写时，是一九一八年——即民国七年四月，当时正是《新青年》倡导文学革命论战正热闹的第四卷。鲁迅为了不使编者感到寂寞，从此开头，便在《新青年》上大写文章，小说之外，还写了许多的杂感和论文。可以说是《新青年》重要的战斗员之一。故当时《新青年》的编辑会议，鲁迅也常参加，对于金心异之名，也是常时挂在嘴上的一个。而钱玄同不特同他同事，又还同乡，过去又还一同受业于太炎先生帐下。他们俩人又好互开玩笑（曾忆：在北大教员休息室里，钱玄同有一天对鲁迅说：他的儿子那样小，居然也会玩滑头闹恋爱。鲁迅就开玩笑地说：这叫有其父必有其子啊！而钱玄同马上就向当时还不曾生儿子的鲁迅反攻，说：有的人是将这套把戏永远保持着，留给自己用，连后都不想传呢。当时两人好开玩笑，可见一斑），所以在一九二三年，即民国十二年，《呐喊》要付印时，鲁迅在《自序》里便把金心异三个字拉出来了。不过，这一回，鲁迅却没有开玩笑的意思，因为他当时想起用什么名字好代替，而既是小说，又不便用真名，便以这三字写上了。鲁迅那样说。

一九四二年，三月

# 《京报》的崛起

　　孙伏园先生离开展报馆之后，即约请鲁迅、周作人、钱玄同等创刊《语丝》。这期间，还有一个刊物，成了那时期青年界的每日食粮，且又引起各种学术上的论战，使中国报纸更积极负起传播文化的使命，那便是孙伏园编辑的《京报副刊》及各团体代编的《京报》七种附刊。

　　当时正是民国十三年冬天，国父孙中山先生在北上，激起了北方青年界的行动，就是原是在苦闷中过生活的青年，听了中山先生的言论同主张，不特明瞭了现实的环境，是渐趋灭亡的漆黑一团。还更明瞭了要改造——甚至打破黑暗的环境，是非自己站出来领导群众，来作扫荡工作不可，于是青年们，三三五五，结社了，入党了。总之，不问思想上的目的如何，大家在冲破黑暗的现实这一点上，是需要集团的力量来发挥，开展。可惜的，是作为社会先导的报纸，在当时还没有一种能尽这种报导或指示的任务。

记得当时在北京的报纸，较为著名的只有这几种：《晨报》《黄报》《京报》《世界日报》《顺天时报》。除《顺天时报》，系日本机关报，不能作数外，其余之《黄报》《京报》《世界日报》等，对于文化向来很少起作用。曾忆他们的副刊，多半还是风花雪月一般鸳鸯蝴蝶派人的驰骋所，《晨报》虽然在五四后，添了新副刊，专登学术及新文艺作品，但时代已将他向后扬弃了。因为《晨报》后台老板研究系人物，虽可在北洋军阀面前大谈科学与文艺，但中山先生的北上，及他所带来的政治主张与思潮，已使《晨报》老板有些恐慌了。于是他们不满于再起的青年运动，更不满于孙伏园所编的副刊。因为当时副刊上，不只是登些辛辣的文艺作品，有时还登载批评政治，批评社会的杂感与论文。在这种形势下，伏园被逼而离开《晨报》了。其详情，已见于《语丝》的发刊中，这里不再说了。

伏园离开《晨报》，是由鲁迅先生报道出来的。那是有一天，鲁迅先生到世界语专门学校来上课，在讲完讲义之后，鲁迅先生忽然说：

"我打掉了一个人的饭碗。"接着他讲了伏园在晨报馆辞职的经过。最后，好像安慰大家似的，说："我们现在另外办一个周刊，几天就可以出版了。"

我在听了先生的报道，当天晚上，就去告诉胡也频同项亦愚，因为当时，我们三个人正在编辑《劳动文艺周刊》。而劳动文艺是京报馆代为印刷，不要我们出钱的（每期印一千份）。因为同《京报》有这个关系，我们当时对于《京报》很关心，时时向《京报》主人邵飘萍先生，提供改革意见，这一次，听见孙伏园离开《晨报》了，很想要《京报》创刊一个副刊，请孙伏园作编辑。三个人谈论的结果，觉得这办法很好，但有问题的，是《京报》请不请孙伏园呢？假使《京报》愿请孙伏园，而孙伏园又肯不肯干呢？两方面都没有把握。因为我们晓得，《京报》本来有副刊，不过他的副刊专登些赏花或捧女戏子的文章，而编此副刊，又系与邵飘萍很有交情，且在《京报》服务多年的徐凌霄。那么，邵飘萍肯不肯停了徐凌霄所编的副刊，而另请孙伏园本人，我们都不认识他，万一邵飘萍答应请他，谁又有方法也使他答应呢？但即就是有这些困难吧，我终于大胆地找邵飘萍去。

我对邵飘萍述说了孙伏园向晨报馆辞职的经过，并告诉他《京报》应该借此机会，请伏园代办一种副刊，意外地，邵飘萍马上首肯了。而且他还说：

"我想：除请孙伏园先生编副刊外，《京报》还可仿照上海《民国日报》办法，再出七种附刊，每天一种，周而复始。这样，可以供给一般学术团体，发表他们平素所研究的专门学问。"

"能这样，当然更好。"

"那么，我们就这样决定：本报副刊，就请贵友伏园先生担任编辑。另外，七种附刊，请你设法相帮找一两个，我这里也有几个团体接过头。本报也预备出一种图画周刊，大约七种附刊不会成问题。"

这真使我一则以喜，一则以惧，喜的是《京报》愿担负起提倡新文化的使命。但伏园，在当时不特不是"我的朋友"，是连一面之缘都没有，这却不能不使我恐慌起来了。

我抱着这种矛盾的心情，走出京报馆的门，看时间，已是夜里九点钟了。想着鲁迅先生还未到睡觉期间，还是找他商议罢。

这件事，也是出乎鲁迅先生意外的，所以在我讲完了见邵飘萍的经过，并说明我根本不认识孙伏园时，鲁迅先生这样说：

"不要紧，我代你们介绍。我想：伏园大概没有问题罢？他现在除筹办《语丝》外，也还没有其他工作。我明天去找他来，你明天晚上到我这里吃晚饭。"

我这一次，却是抱着愉快的心情走回去。第二天，也将这经过，告诉了胡也频与项亦愚，自然在吃晚饭前，赶到了鲁迅先生家里。会我久已仰慕的孙伏园先生。

要解决的事情，鲁迅先生早已同伏园说过，所以我也不必再重复，吃饭时，伏园就首先告诉我，他已同意。我说：

"那么，我明天告诉邵飘萍，再同他约好时间，你们先见见面。"

"那又何必呢？"鲁迅先生放下酒杯，突然插言，"邵飘萍是新闻记者，一天到晚跑来跑去的，你找他，还得找伏园。有多麻烦？我看吃完饭，你们俩去看他，一下就决定了。"

伏园看着鲁迅先生这样力成其事，他当然也不好表示异议，所以他接着说：

"这样也好，那又要烦劳你跑一趟了。"

其实，不必说跑一趟，就是跑十趟，我也是愿意的。因为事情能成功，我们就可以看到一般学者及文人的高论与出色的创作。而我们一般青年，也可以有发言的地方了。于是一吃完饭，我就同伏园赶到了京报馆，邵飘萍刚好正在馆。

飘萍热烈地欢迎伏园进京报馆，在谈过办法、薪俸、稿费等条件后，飘萍还说：

"那么，我们现在就开始筹备罢。下一星期出版。"

过了几天，《晨报》第一版广告栏，出现了一个以二号字为标题又为正文的长条简单广告，说《京报》将于某日发刊副刊按日随报附送的小广告。到十二月八日，《京报副刊》即在孙伏园主持下与读者相见了。

《京报副刊》的出版，在当时并不能算是小事。由出版之日起，《京报》的读者，就开始增加。一天比一天多，记得增加最多的，是说有一天增加了两千份以上的订户，印刷所加工了，送报的加人了。飘萍有一次对我讲，印刷工人同发行部人竟发出怨言，说："这样加下去，怎么得了呢？"这虽然表示出，中国人对本身所负的事业，向来不求发展。但当时，印刷还未利用电机，再加以人事组织不很健全，却也实在难怪他们。不过在这一点，倒可看出《京报副刊》影响之大了。

《京报副刊》一出版，为什么就会发生这样大影响呢？这，就要从鲁迅先生讲起。

过去鲁迅先生在《新青年》杂志、《晨报副刊》《小说月报》《东方杂志》等，所发表的短评、论文、诗歌、小说，已引起广大的注意。到民国九年一月，他又译出了日本武者小路实笃的戏剧《一个青年的梦》。同年十月，译出了俄国阿尔志跋绥夫的《工人绥惠略夫》。十一年五月译出了俄国盲诗人爱罗先珂的童话剧《桃色的云》。十二年九月印行了小说《呐喊》。同年十二月出版了《中国小说史略》上卷。十三年次月出版了《中国小说史略》下卷。同年十月译出了日本厨川白村的《苦闷的象征》。

从这里可以看出：在《京报副刊》未出版前，鲁迅先生已经有那样多的译著流传到社会上了。这些译著，包括了先生的当时及其前后的思想，包括了先生治学精神，包括了先生文笔技术。而同时，先生又兼任着北京大学、北京高等师范及女子高等师范、世界语专门学校等讲师。他的言论主张已经在青年界发生广大信仰了。《晨报》的渐趋灰色态度，已为青年所不满，而伏园离开《晨报》，又为鲁迅先生稿子所引起。现在听说伏园要为《京报》编副刊了，那么，鲁迅为主要撰稿人之一，是绝无疑问的。拿《语丝》为伏园所发起，创刊号上就有鲁迅的文章来推测，也不会例外。要看或必须看鲁迅文章的人，就纷纷订阅《京报》了。事实是，鲁迅先生他没有使青年人失望，自《京报副刊》发刊后，鲁迅先生对于时事及学术、社会、文艺各方面，都有文章发表出。而最引起广大注意而得到各种反响的，是青年必读书问题，翻译问题，女师大风潮事件，开封铁塔强奸事件，就都是鲁迅先生在《京报副刊》上发表锋利的短评而引起了检讨的。记得当时在京副上，鲁迅先生除译荷兰的短篇，日本的短篇之外，以《咬文嚼字》为题，以《忽然想到》为题，以《并非闲话》为题，就发表过一二十篇文章，特别是《忽然想到》，竟写过十一次之多。而对于中国的政治问题、考古问题、创作问题、社会改良问题……都表示过独到的见解。

因了鲁迅先生，这样热心在支持《京报副刊》，再加上当时在文艺界很享盛名的周作人等，也都常有文章发表。《京报》的销路，便不胫而走了。

鲁迅先生在《我和〈语丝〉的始终》中说：

"……至于对于《晨报》的影响，我不知道，但似乎也颇受些打击，曾经和伏园来说和，伏园得意之余，忘其所以，曾以胜利者的笑容，笑着对我说道：'真好，他们竟不料踏在炸药上了！'"

事实是，《晨报》向伏园去说和，是在《京报副刊》出版之后，其原因，是在京副，而不在《语丝》。因为当时青年界，大抵都是看报的。看精彩的文章，固然是原因，但当时的青年，对于国事已很关心了。对于报纸的时事新闻，亦非看不可。伏园离开《晨报》之后，晨副上的文章，固然不及《语丝》，但《语丝》却没有时事新闻，在未有其他报纸能代《晨报》以前，《晨报》是不会受什么影响的。当然没有向伏园说和的必要。待京副出版，青年人有了代替的读物，于是纷纷退《晨报》而订《京报》了，拿《京报》当时那样突然增加销路，甚至一天加到几千份，我们就晓得，当时《晨报》每天纷纷退报，甚至一天被退几千份，我们是不难想到的。报纸要没有销路，自难在社会立足，所以伏园离走时，本是同《晨报》吵架而走的。后来《晨报》居然托人向伏园说和，其狼狈情形，也不难想象。因为当时青年，既感于智识饥渴，想多看一般思想界先进的文章，又感于《晨报》之态度渐趋灰色，引不起兴趣（甚至激起反感），乃才

鲁迅、林语堂与文学社团决决社成员合影 |

退掉《晨报》而看《京报》，鲁迅先生恰巧又是京副主要写稿人之一。于是《京报》风靡北方了，终至发生"纸贵洛阳"现象，因为他在文化上实在起了重大作用。这虽是客观环境所形成，但作此环境推动者，鲁迅实是第一人。

至于《京报》所附出的七种周刊，这里暂保留罢。

一九四二年，七月二十四日

# 哈哈论的形成

一九二五年七月，鲁迅先生在《语丝》周刊上，以《立论》的题目，写了这样的文章：

我梦见自己正在小学校的讲堂上预备作文，向老师请教立论的方法。

"难！"老师从眼镜圈外斜射出眼光来，看着我，说，"我告诉你一件事——一家人家生了一个男孩，合家高兴透顶了。满月的时候，抱出来给客人看——大概自然是想得一点好兆头。一个说：'这孩子将来要发财的。'他于是得到一番感谢。一个说：'这孩子将来要做官的。'他于是收回几句恭维。一个说：'这孩子将来要死的。'他于是得到一顿大家合力的痛打。说要死的必然，说富贵的说谎。但说谎的得好报，说必然的遭打。你……"

"我愿意既不骗人，也不遭打。那么，老师，我得怎么说呢？"

"那么，你得说：'啊呀！这孩子呵！你瞧！那么……。阿唷，哈哈！Hehe！he，hehehehe！'（全集一卷五一七页）"

这是鲁迅先生发明的有名的哈哈论。但这哈哈论的形成，据鲁迅先生讲，是这样的：

民国十三年，即一九二四年暑假，陕西督军刘振华氏，代表西北大学向北平各大学校教授及各报记者，请求前往西北大学讲演。当时鲁迅先生便是被聘请中的一位。鲁迅先生因从来没有去过西北，很想借此机会，去看一看。当时同去的，京报社代表是该报记者王小隐（孙伏园那时是代表晨报社去的）。据鲁迅先生回来时形容，王小隐那次是穿的双梁鞋——即鞋面前头有两条鼻梁。当时北京官场中人及遗老多穿此种鞋——一见人面，总是先拱手，然后便是哈哈哈。无论你讲的是好或坏，美或丑，是或非，王君是绝不表示赞成或否定的。总是哈哈大笑混过去。鲁迅先生当时说：

"我想不到，世界上竟有以哈哈论过生活的人。他的哈哈是赞成，又是否定。似不赞成，也似不否定。让同他讲话的人，如在无人之境。"

于是才写了那篇《立论》。

事实是，今天天气哈哈论，先生一从长安回来就想写，我们看论文《坟》里面的《说胡须》，开头是这样：

"今年夏天游了一回长安，一个多月之后，胡里胡涂的回来了。知道的朋友便问我：'你以为那边怎样？'我这才慄然地回想长安，记得看见很多的白杨，很大的石榴树，道中喝了不少的黄河水。然而这些又有什么可谈呢？"

底下，先生写他在长安所见的奇闻奇谈。先生且感慨，无论你讲真话或者别的什么，旁人总以为是哈哈哈的笑话，先生于是接着说：

"凡对于以真话为笑话的，以笑话为真话的，以笑话为笑话的，只有一个方法：就是不说话。于是我从此不说话。然而，倘使在现在，我大约还要说：'嗡，嗡……今天天气多么好呀？……'因为我实在比先前似乎油滑得多了（见全集一卷一六〇及一六三等页）。"

这里也可以看出，今天天气哈哈哈，是在游长安时才在先生的思想中具体化。因为王小隐君代表了这个典型，在鲁迅面前活现了。

## 《语丝》的发刊

　　民国十二三年，在北京学界——即今称文化界——最占势力的报纸——即销路最广，影响最大的报纸，要算研究系所办的《晨报》了。因为自"五四"新文化运动开始后，《晨报》便添设了副刊，除报导时事新闻外，还刊载起有学术性研究文字与文艺作品，而当时执笔的，又多为有权威的学者，及提倡新文化的教授，故北方——尤其北京——学术界，无论教授与学生，大半多看《晨报》，而主编《晨报副刊》的，是副刊编辑专家孙伏园氏。

　　伏园是鲁迅先生的学生，在他编辑副刊时，便常常请求鲁迅先生写稿子。我们晓得，鲁迅先生驰名于国际文坛的作品，而晓得已有十四国文字翻译的《阿Q正传》其开始，就是发表于《晨报副刊》的。

　　因为伏园时时请求先生代副刊写文章，所以先生在民国十三年十月里，写了一首讽刺当时盛行的"阿呀阿唷，我要死了！"的失恋诗。题为《我的失恋》，以"某生者"署名寄给伏园了。伏园是认识先生的笔迹的，虽以"某生者"名字出现，伏园还是晓得是谁写的，便立刻发排于副刊了。可是，这时的伏园，在晨报馆的地位，诚如鲁迅先生所说："……伏园的椅子颇有不稳之势。因为有一位留学生新从欧洲回来，和晨报馆有深关系，甚不满意于副刊，决计加以改革（全集四卷一七〇页）。"

这位留学生，名叫刘勉己，当时刚刚荣任《晨报》总编辑之职，在不满意于副刊存心的借口下，待伏园发过稿子走掉后，他跑到排字房检查副刊的稿子了。恰巧就看见鲁迅先生以"某生者"笔名写的那篇《我的失恋》诗，于是他以"不成东西"为理由，不得伏园同意，就将那篇稿子抽掉了。于是便发生了以下的事情：

"我辞职了可恶！"

"这是有一夜，伏园来访，见面后的第一句话。那原是意料中事，不足异的。第二步，我当然要问问辞职的原因，而不料竟和我有了关系。他说，那位留学生乘他外出时，到排字房去将我的稿子抽掉，因此争执起来，弄到非辞职不可了（全集四卷一七〇页）。"

伏园辞职之后，第一感觉到的，就是非弄个事情作作不可。第二是常写文章的人，忽然没有合适的发表地方，也有些不舒服。因为当时的北京，杂志是意外地少，《努力评论》是胡适之先生发表政论的机关杂志，刚出版的《现代评论》

又是有政府靠山的宣传机关。至于报章，虽然已经都有了副刊，但《顺天时报副刊》是为日本而说话，邵飘萍的《京报副刊》是专捧女戏子，《黄报副刊》就是专登那"阿呀呀，我要死了"的发源地。闹得当时原在《晨报副刊》上发表作品的人，简直没有插足的地方了，于是本来闲不住的伏园，在打听过报纸四开大的刊物，如印一千份，纸张印刷共总不要十元钱。于是便像鲁迅先生所写的下面的事出现了。

"我很抱歉伏园为了我的稿子而辞职，心上似乎压了一块沉重的石头。几天之后，他提议要自办刊物了，我自然答应愿意竭力'呐喊'。至于投稿者，倒全是他独力邀来的，记得是十六人，不过后来也并非都有投稿。于是印了广告，到各处张贴，分散，大约又一星期，一张小小的周刊便在北京——尤其是大学附近——出现了。这便是《语丝》（同上一七一页）。"

不错，《语丝》的发刊，完全是由伏园发起的，而且所谓邀来的十六人（连伏园在内），便成了语丝社的社员，那十六人是孙伏园、周作人、鲁迅、李小峰、钱玄同、刘半农、章衣萍、章川岛、魏建功、许钦文、顾颉刚、王品青、林语堂、江绍源、俞平伯、张定璜。这十六人之中，写稿最多的，要算周作人与鲁迅了。鲁迅先生所谓"后来也并非都有投稿"，如李小峰、魏建功、许钦文，似乎就很少或者竟未写过稿。

但《语丝》毕竟发刊了。在民国十三年，即一九二四年，十一月十七日，创刊号便与世人相见了。创刊词上曾经这样说：

"我们几个人发起这个周刊，并没有什么野心和奢望，我们只觉得现在中国的生活太枯燥，思想界太沉闷，感到一种不愉快，想说几句话，所以创刊这张小报，作自由发表的地方……"

"我们并没有什么主义要宣传，对于政治经济问题也没有什么兴趣，我们所想的只是想冲破一点中国的生活和思想界的昏浊停滞的空气，我们个人的思想终是不同，但对于一切专断与卑劣之反抗则没有差异……"

"我们这个周刊的主张，是提倡自由思想，独立判断，和美的生活……"

"周刊上的文字，大抵以简短的感想和批评为主，但也兼采文艺创作及关于文字美术和一般思想的介绍与研究……"

创刊词本来是请鲁迅写的，但鲁迅先生是一向不主张刊物上有堂皇的宣言的。故这篇创刊词，终于由周作人执笔，但她——《语丝》——的发刊名目的来源，还有一点小小逸事，鲁迅先生这样说：

"那名目的来源，听说，是有几个人任意取一本书，将书任意翻开，用指头点下去，那被点到的字，便是名称（同上一七一页）。"

这是因为想不好名称，由钱玄同先生出的把戏，顺手拿一本书，用指头点下去，便得了语丝二字，同《莽原》出版时，向培良由书上点出莽原二字一样。不过稍有不同的，是莽原被向培良点出，我却找了一个八岁的小孩写了报头，而《语丝》便由点者钱玄同，亲自写出报头来了。

鲁迅先生说：

"这刊物本无所谓一定的目标，统一的战线；那十六个投稿者，意见态度也各不相同（同上卷同页）。"

这也是事实，记得《语丝》指责梁启超的关于玄学方面的妙论，社员中就有人不赞成，《语丝》讽刺现代评论派陈西滢等人时，社员中也有人不赞成，这，哪里能说得"统一的战线"？或相同的意见与态度呢？而况《语丝》一开头，就收外稿，如《努力评论》主干胡适之，新月派主干徐志摩，猛进社主干徐旭生，在前十期中，就都有文章发表过。而嗣后投稿之广泛，可以说包含了当时全中国文艺社团中的分子，举例如，后期创造社或洪水社的王独清、穆木天、潘梓年、潘汉年等，《莽原》或未名社的台静农、李霁野、韦素园、韦丛芜等，《莽原》或狂飙社的高长虹、向培良等，现在战国派文人沈从文，礼拜五派的张若谷，以及孙福熙、李金发、姚蓬子、王鲁彦、柳亚子、李健吾、佩弦、简又文、陈学昭、汪静之等等，就都在《语丝》上出现过。而且潘汉年、简又文、陈学昭、穆木天、柳亚子、姚蓬子等，又还不只一次呢。

这样，《语丝》不特说不上战线的统一，就是说同人杂志亦勉强了。所以原有社员中，也有些人不大常写稿了，故鲁迅先生说：

"……有些人们，大约开初是只在敷衍和伏园的交情的罢，所以投了两三回稿，便取'敬而远之'的态度，自然离开。连伏园自己，据我的记忆，自始至今，也只做过三回文字，末一回是宣言从此要大为《语丝》撰述，然而宣言之后，却连一个字也不见了（同上卷同页）。"

这大约是收外稿的原因之一罢？发起人孙伏园，在第一期上写过一篇《记顾仲实》，第十二期上写过《亲送〈语丝〉记》，第五十二期上写了《〈语丝〉的文体》，再不见他的笔迹了，当时的情形是，伏园既编辑《京报副刊》，便不大再过问《语丝》，于是先少了拉稿人。外边有稿子寄来，李小峰一律送给周作人看，决定登载与否。于是除李小峰请章衣萍陪他时常请鲁迅写稿外，周作人成了固定的编辑，小峰担任事务，而常常写点文章的，除鲁迅、周作人外，便只有江绍源、钱玄同、刘半农几个人了。

依当时的情形，鲁迅先生除每天要到教育部"转一转"即办公外，还担任有北京大学、高等师范、女高师、世界语专等校课程，而先生自己，则又主编《莽原》周刊，代《民众文艺》周刊看稿，还时时应伏园之求，为《京报副刊》写稿，既忙于时间，又不是没有发表的地方，为什么特别为《语丝》要比其他社员热心写稿呢？据先生自己说，是这样的：

"当开办之际，努力确也可惊，那时做事的，伏园之外，我记得还有小峰和川岛，都是乳毛还未褪尽的青年，自跑印刷局，自去校对，自叠报纸，还自己拿到大众聚集之处去兜售，这真是青年对于老人，学生对于先生的教训，令人觉得自己只用一点思索，写几句文章，未免过于安逸，还须竭力学好了（同卷一七二页）。"

　　因此，从《语丝》的发刊，直到在北平被封为止，除因先生赴厦门，略有间断外，几乎每期都有先生的文章，除论文、翻译、短评外，《野草》全部，几乎都是在《语丝》上发表的。

　　因为有鲁迅及周作人（当时周作人是在文坛负盛名的人，不似今日作汉奸之周作人）等几位的努力支持，所以《语丝》的销路，一期比一期好起来，由一千五百份，而两千份，而三千份再后五千到八千，她的影响当然是很大的。除观察深刻，文字简练，见称于时外，所谓随笔，所谓幽默，就都是由《语丝》而发煌起来。但在社会及对于文学上的意义，她还不只此。曾忆：她介绍过西班牙及希腊的民歌，太平天国的文学，希腊的陶器画，孙中山先生早年的政治主张，文豪如托尔斯太、契珂夫、莫泊桑、高尔基等。她又指责过，日本《顺天时报》的怪论，南开学校的性教育，孙传芳的三爱主义，执政府的大屠杀，《现代评论》的不现代。也讨论了礼俗问题，思想问题，批评问题，以及方块字的存废问题，并研究考证了外国的民情与风俗，以及苏曼殊等人物……凡这些，都在当时及其后来发生了很大作用，只要看她，既受警告，又遭禁止，就可想到一切了。

我以上所写，是指在北京所发行的而言，这时期，除社员稿子投来、即由负事务责任的小峰发排，无所谓取舍外，外来稿件，是由小峰送给周作人，自然，像鲁迅所绍介的旁人稿子，也大抵登载的，至于到上海复刊的《语丝》，那是由鲁迅出名编辑的，鲁迅先生已在《我和〈语丝〉的始终》中，讲的够详了。这里只好"带住！"

# 《莽原》时代

　　五四时代的浪潮，慢慢退下去了。到民国十二三年，可以说是，文化界最黑暗的时期，也可以说是，文化界的黎明时期，因为五四时代的新人物，留洋的留洋，作官的作官，有的埋头于研究，有的投奔到主子怀里去，在当时，继续支持那精神的，便是鲁迅先生。《呐喊》的出版，即其明证。

　　《呐喊》给与中国文坛怎样的影响，我不想多说。这已有批评家论列过了，我现在要说的，是《呐喊》的作者——鲁迅先生，在《呐喊》出版后的行动同战斗！

　　当时中国文艺的刊物，少到几乎没有，在北方能容纳文艺作品，而为青年所爱好的，是孙伏园主编的《晨报副刊》。在南方，除了《创造》以外，便是商务印书馆以压倒一切姿势，发行的三大杂志：《小说月报》《东方杂志》《妇女杂志》等。

　　因为《呐喊》的出版，鲁迅先生更为青年所爱好。于是编副刊的伏园，便三天两天找鲁迅先生为他的副刊写稿，以满足青年读者的欲望。这时节鲁迅先生刚刚搬进他用借贷而修盖的新居——阜成门内三条二十一号。鲁迅先生文章寄出了，题目是《我的失恋》，署名为某生者。伏园还有什么话说呢？他以愉快的心情，将稿发出了。因为他的副刊上，又有鲁迅的大作了——虽然署名不是鲁迅，而是某生者。

但麻烦出来了。《晨报》总编辑刘勉己，晚上不知为什么，去看了副刊的校样，他认为《我的失恋》太不庄重。便不得伏园的同意，将《我的失恋》稿抽出来。勉己的人，忽然要勉到旁人身上，伏园愤怒之下，辞职了。为的是刘勉己剥脱了他的编辑权，抽掉了鲁迅稿子。

于是，《语丝》发刊了。

《语丝》的发刊，完全由伏园的辞职而起，由写文章的人，每人拿出一部分钱，作为印刷费。这一方面，可使伏园有事做，一方面可使写文章的人还一样有地方写文章。记得在第一期发刊时，伏园与李小峰，还亲自抱着刊物，在真光电影院门前发售呢。

《语丝》一发刊，伏园在《晨报》辞职的事，被《京报》主人邵飘萍晓得了。便聘了伏园去，为他编副刊。当时的《京报》，以消息灵通见长。故在政界上很有势力，但因编辑方法呆板，又少学术空气，所以在青年界，没有引起注意，可是伏园一进去，情景便大不同了。当时报纸的销路增加，连邵飘萍本人都为之吃惊，他看出了文化的力量。便约我去

为他计划七种附刊——即副刊之外，每天有一种周刊，一星
期周而复始，这办法，在上海《民国日报》实行过，但在北
方，还系创举——当时共出了文学、妇女、图画、戏剧、民
众文艺等等。俟后，因思想关系，我们很反对专捧女戏子的
戏剧周刊，飘萍很痛快地将戏剧周刊停刊，要我约鲁迅先
生，他很赞成，他当时说：

"我们还应该扩大起来。你看，《现代评论》有多猖狂，
现在固然有《语丝》，但《语丝》态度还太暗。不能满足青
年人要求，稿子是岂明他们看的，我又不大管，徐旭生先生
的《猛进》倒很好，单枪匹马在战斗，我们为他作声援罢，
你去同飘萍商议条件，我就写信约人写文章。"

第二天晚上，我们便聚集在鲁迅先生家里吃晚饭，当时
到场的，我记得有许钦文、章衣萍、高长虹、向培良、韦素
园，等等。在我报告了同飘萍接洽经过之后，当时便想到刊
物的名称。最后还是培良，在字典上翻出"莽原"二字，报
头是我找一个八岁小孩写的，鲁迅先生也很高兴那种虽然
幼稚而确天真的笔迹，次一个星期五，《莽原》第一期，就
在京发刊了，除随《京报》附送外，另外，还由《京报》赠
印三千份，作为写文章人的报酬，这被赠送的三千份，是交
由北新书局李小峰发卖的。当时《莽原》经常撰稿人有：鲁
迅、尚钺、长虹、培良、韦丛芜、韦素园、台静农、李霁
野、姜华、金仲芸、黄鹏基，等等。

当时北京正是黑暗时代，军阀政客出卖着祖国，蹂躏着

人民，摧残着文化，但因中山先生的北上同死亡，刺激着青年，觉醒了青年。于是广大的青年群，活跃了。无论走到那里总是三三五五的，在讨论什么，争辩什么。而所争辩讨论的，是鲁迅先生的方法同理路。曾忆《京报》征求青年必读书问题揭晓后，为鲁迅先生的答案，曾引起广泛的论争。这论争，竟延长了好几个月之久。

在这种情形下，鲁迅先生很难于再写小说了。虽然他的《彷徨》已摆到街坊，但鲁迅先生可忙得一塌糊涂。每天要讲课，要上衙门，要作战斗的杂文，要看各种各样的小说、散文、诗歌、论文，还要校阅期刊的稿子，还要接待日夜不断的青年访客，可是，这也没有累倒鲁迅先生，鲁迅先生，每日以酒，以烟，以点心（当时先生饭量很小的），支持着身体，刺激着神经。《野草》里面的大部分作品，就是在这样环境之下，完成的。而写作的时间，又完全是在静夜之后，所以《野草》里边，充满了严森之气，不为无因的。

然而，还有更坏的环境呢。

落伍的章士钊，作了教育总长了。活寡妇杨荫榆，便谋得了女师大校长的位置。她的乖张的举动，引起女青年的反抗，于是风潮爆发了。杨荫榆恼羞成怒，便开除大批学生。鲁迅先生是当时该校的讲师，对此处置深表不满。于是学生会的中坚分子，都来鲁迅先生家里来了。问这样，问那样。鲁迅先生总是谆谆告诫着，从没有表示厌烦。当时在鲁迅先生处来的最多的，是陆晶清、许广平、张静淑等等。

由于女师大风潮事件，鲁迅先生当时，发表了不少的言论，《京报副刊》《语丝》《莽原》《民众文艺》等，就都有鲁迅先生为打击封建势力而作的精短的批判。当然，这很引起章士钊总长烦恼，便利用权势，将鲁迅先生在教育部的佥事免职了。

　　佥事的被免职，虽然无损于鲁迅先生的精神（一个区区的荐任官），更无损于鲁迅先生的物质（每月虽名有三百元薪，实际只拿一二成）。可是，鲁迅先生，不愿使正人君子们高兴，便在平政院与章士钊总长打起不上堂的官司来。结果章士钊以不合法手续，挟嫌免人职位，败诉。鲁迅先生仍回教育部办公。但鲁迅先生却不再去办公了。他的目的，不过要章士钊晓得：一手还不能掩盖天下人的耳目——虽然那时候，他是一个堂堂的总长。在此时，不说接收信函与稿件，只接待青年，就够繁了。但青年中，还有对他特地去麻烦的。

　　一是北大旁听生冯省三，有一天跑到鲁迅先生家里，向鲁迅先生床铺上一坐，将两脚跷起，说：

　　"喂，你门口有修鞋的，把我这双破鞋，拿去修修。"

　　鲁迅先生毫不迟疑的，将冯省三的破鞋，拿去修好后，他还为他取回来，套到他的脚上。可是，冯省三连谢都没有说一句，悻悻地走掉了。

　　鲁迅先生，在每提到这件事时，总是说："山东人真是直爽哇！"

其次，是一个中国大学旁听生钟青航。

在一个夏天的夜晚十二时以后，鲁迅刚刚开始写东西，碰碰碰，有人打门了。鲁迅放下笔，跑出去一看，来者是一个面善的青年，穿着长到拖地的睡衣。对鲁迅先生说：

"我睡不着，特地跑来同先生谈谈。"

"好，请进来！"鲁迅开了门，将青年人让到书房里。

青年人开始滔滔了，但出乎先生意料之外的，来者并不是失眠的痛苦，也没有失恋的悲哀。青年人是高兴了，叫了一辆汽车，在北京城兜了一圈，付不出十五元车钱，却打了开车的一个耳光，于是被关进警察厅两星期。吃着黑面馍，受着蚊子臭虫的围攻，虽然只有两星期，人却是可怕地变瘦了。同鲁迅一直谈到天亮，鲁迅先生所要写的文章，只能以后再说了。因为天亮了，他还须去再上课。但鲁迅先生对此事，并不懊悔，他总好说：四川青年真勇敢，因为那位钟青航正是四川人氏。

由这两件事，也可以看出鲁迅先生的一面。

但，话似乎扯得太远了。赶快再回到本题上。

在《莽原》时代，鲁迅付出可怕的精力，在时间上，可以说，毫无使他休息的机会。但他的精力，并没有白费。这里社团发现了，那里刊物出版了。直接间接都受着鲁迅先生的影响。记得当时在北大讲中国小说史略时，那讲堂的座位，不特挤满了人，连外边窗子上也都爬的是人，青年人对于先生是怎样爱好啊！

此时，先生支持着一切青年们的运动，国民党筹办《国民新闻》，先生介绍素园去编副刊。吕蕴儒在河南办《民报》，先生拉人为他写文章。徐志摩放下他的灵感的笔，另外提起政治的笔，写那有名的《政治生活与王家三阿嫂》，鲁迅先生也曾给予了好评。丁玲女士曾写信给先生，要求先生代她找工作，先生也曾要我去找《京报》的飘萍。胡也频在烟台不能生活，寄一篇文章给我，先生也曾代他找李小峰办过稿费的交涉。当时的先生，真是忙于写文，忙于讲书，忙于校稿，忙于见客，忙于一切意外的要求与应付。先生没有长篇创作的发表，其原故，或许就在这里吧？然而先生并不是不工作的人，《中国小说史略》《唐宋传奇》，就都在这时期整理出，《出了象牙之塔》《思想·山水·人物》《小约翰》等，也都在这时期翻译出，《野草》及其丰富的杂感不必再说了。

　　此后，来了可怕的恐慌期，奉军入关了，封闭报馆，枪毙记者，捕捉青年，先生也在被捕的教授名单中，于是先生也只能躲到东交民巷的德国医院里。连家人也接受了戴君的劝告，迁入东长安街长安饭店，随后，先生也还迁到法国医院里。

　　长期的躲藏，不特没有法子工作，连生活也会成问题，先生便应了林语堂之约，到厦门大学教书去。当时与先生同去的，就是现在的夫人许广平女士。到车站送行的，则有李季谷、许钦文、许淑美，等等。

先生一走，《莽原》自然分散，以后便是狂飙与未名二社的对立，这里不想再说下去了。

这里，特别要提的，是许寿裳先生。他是先生的好朋友，无论思想方面，行动方面，他都对先生有很大的贡献与帮助，如女师大风潮事件，教育部辞职事件，许先生就都是热心的参加者。而先生生活方面，许先生亦为之计划不少呢。

还有一点，要特别提出的是《莽原》曾出过一次增刊。那原因，是商务印书馆编辑人章锡琛，因妇女问题在理论上与北大教授陈大齐发生了相左的意见，商务印书馆竟逼他辞职。他虽然离开商务了，但意见还是要发表。于是老远地将稿子寄到北京，要鲁迅先生想办法。可是得罪教授们的文章，什么地方也不见得会登载罢？于是我决定找邵飘萍去说明，因稿子多，想出一个增刊，飘萍先生慨然答应了。于是我们出了那有名的驳辩性的增刊。鲁迅先生对于学术上的自由与认真，也可从这里看出一斑。

一九四一年，六月，重庆